PEOPLE
WITH
PURPOSE

[英] 凯文·默里（Kevin Murray） 著
徐阳 译

HOW GREAT LEADERS

USE PURPOSE TO

BUILD THRIVING

ORGANIZATIONS

领导力法则

如何用目标打造充满活力的团队

中国法制出版社
CHINA LEGAL PUBLISHING HOUSE

本书中文简体版权经由锐拓传媒取得
Email:copyright@rightol.com

书　评

"这是畅销书《领导者语言》作者的又一力作。本书巧妙融合了学术研究和优秀实践案例，探讨目标、领导能力、敬业度和绩效问题，可谓汇聚了'精华中的精华'。现在，英国上下都有提高生产力的迫切需求，本书正适合想抓住这一机遇的读者。书中讨论了价值观、目标的价值以及领导者鼓舞人心对于推动商业成功的重要作用，是一部探讨这些问题的杰作。凯文提醒领导者大胆设定目标具有强大的力量，提醒领导者繁荣比生存更具吸引力。书中有许多好点子、优秀案例和实践经验。这是一部向领导者展示在 21 世纪如何才能成功的教科书，读起来妙趣横生。"

英帝国二等勋位爵士保罗·德雷克斯勒（Paul Drechsler, CBE），英国工业联合会（Confederation of British Industry）主席

"凯文·默里的新书来得正是时候。在不稳定时期，领导最需找准自己的方向，并帮助员工找到方向。本书会告诉你该怎样采取行动，是一部领导者必读之书。"

安·弗兰克（Ann Francke），英国特许管理学会（Chartered Management Institute）首席执行官

"哇，一部精心之作！我爱不释手，读完后又重读一遍，有许多值得付诸实践的好想法。如果你想凭借明确的目标来领导团队、获取竞争优势，

如果你想让员工在工作中充满热情，那这就是为你准备的！"

埃里克·皮科克爵士（Sir Eric Peacock），Just信贷公司（Just Loans plc）、巴克利珠宝公司（Buckley Jewellery）总裁

"以前我从不喜欢阅读管理类书籍，因为我感觉它们总是太理论化，缺乏实战经验。当今社会，发展有赖于明确自身目标。本书可以告诉你，高效的领导如何培养出目标明确的员工。这不是一本理论化的书……这是一本源自实践的书，案例皆出自亲力亲为的领导者之口。这是一部领导者和领导能力的实践指南。要是我三十年前就读到这本书，该有多好。"

罗斯爵士（Lord Rose），网上超市奥凯多（Ocado）董事长

"目标，在当今营销中是很个时髦的词，但它到底有何深意，怎样才能让它为己所用、服务于你的品牌？凯文·默里的这本书将剖析该词的多层含义，是一部宝贵的实践指南，让目标服务于你的团队。正如作者所言，精心制定的目标可以为品牌指引方向，从三个方面增强品牌竞争力：推动公司以服务顾客为中心，激励员工满足顾客需求，在造福利益相关者的同时造福社会。"

休·伯基特（Hugh Burkitt），营销学会（Marketing Society）首席执行官

"进入21世纪，人们真正开始意识到，股东的长远价值只能通过为利益相关者实现价值来创造——因此目标至关重要，价值只能通过受目标驱使、激励的员工来创造。凯文以目标为纽带，用令人惊叹的方式将价值、价值观以及工作热情和员工行为联系起来。"

托尼·曼纳林（Tony Manwaring）英国特许管理会计师协会（Chartered Institute of Management Accountants）执行副总裁

书 评

"凯文又撰写了一部研究透彻、富有思想性的著作,发人深省,丰富了我们对优秀管理和杰出领导的理解。作为多党派议会小组的议长,我很希望将这本书列为全体议员的必读书目。"

巴里·舍尔曼(Barry Sheerman),英国议会议员

"四十年来,我在英、美等国各种大大小小的组织机构、公开股份有限公司、私企、慈善机构从事领导管理工作,经验告诉我,凯文在书中谈论的都是基础问题,一语破的。如果现任领导者或未来的领导者希望提高员工绩效,那一定要阅读本书。目前,对于凯文讨论的这个概念,真正理解的领导并不多,这一点很是令人沮丧。"

英帝国二等勋爵菲利普·N. 格林(Philip N. Green,CBE),BakerCorp 公司董事长

"本书鼓舞人心,材料新鲜,清晰明了,阐述了强大的价值观为何能够提高不同组织机构的绩效、商业利润、服务效率,为何能够挖掘培养潜在人才。这是一部积极乐观的著作,与全国乃至全球经济不稳定更是息息相关。本书指导人们通过实践和发展获取韧性,是一幅富于挑战性的路线图。"

泰萨·乔韦尔男爵夫人(Baroness Tessa Jowell)

"单纯靠利润还不够。若想实现商业潜力和未来持久繁荣,就需清晰一致地将目标、价值观和大目标统一起来应用,本书将这个问题生动地呈现出来了。凯文的评估很具有实践价值,汲取众多商业领袖的经验,为领导者激发员工提供了有力框架。这是一本鼓舞人心的书,字里行间皆是深刻见解,如果商业领导者想理解深刻的社会变化、规划公司长期发展,那么这本书必不可少。"

伊恩·杜兰特(Ian Durant),Greggs 公司、Capital & Counties Properties 公司(Greggs and Capital & Counties Properties plc)董事长

"凯文用这本内容充实的著作和盘托出21世纪的商业秘密，极具启发意义，帮助领导者武装大脑。在此过程中，他提醒我们，即使在商界，最后终将获胜的力量依然是人性。这部书很及时，将全球目标运动从纸上谈兵推到了实践层面。"

瓦雷里·凯勒（Valerie Keller），安永灯塔研究所（EY Beacon Institute）全球负责人、安永会计师事务所（Ernst and Young）国际市场部执行理事

序

本书将阐述优秀领导者该如何使用目标提高绩效。它不仅关乎目标及其重要性，还关乎一个更为宽泛的概念：赋予人们目标感的是什么。

书中将展示领导者该如何让目标与文化和挑战性目标相互配合以创造价值，解释目标感为何源自价值观和目标。

如果领导将目标置于团队的中心位置，就能让员工更敬业、让客户更加不离不弃、让利益相关者更加支持，从而创造出更多价值，促进商务、社区和环境的发展繁荣。在随后的章节中，你将读到该如何理解目标、表述目标、使用目标，促进团队成员密切配合，为成功创造有利条件。

倘若你肩负领导重担，那这本书正适合你。这本书适合在大型企业及其分支机构或中小团队中担任领导职位者阅读。本书是为有志于成为团队领导者的人而作的，也是为从商伊始的企业家、公共部门及慈善机构的领导者而作。

你将在本书中读到，如今各行各业的领导者都更加关注目标，越来越多的人开始意识到目标为何除了创造利润回馈股东外，还需具有更广泛的益处，也开始意识到如何才能做到这一点。尽管盈利的确很关键，但如今人们越来越清楚，若想获得长远发展，就需要为更广泛的利益相关者创造价值，并且对他们讲清楚这一价值是什么。

你会发现，如果公司在表述目标时说明如何改善人们的生活，就会胜人一筹。一项研究表明，阐述如何改善人们生活的公司绩效超过同行400%。拥有目标感的员工动力更足，可取得更好的绩效，这是采用该做法的另一理由。领导者若能让员工感受到工作的意义，就能让员工体会到自身的价值，鼓舞他们在工作中更加热情、敬业，活力四射的团队成员动力充足，因此可以做出一番事业。

赋予员工目标感是领导者的职责——无论是领导小团队还是国际化机构，因为这是员工最需要的东西。然而，我的研究均表明大部分领导者不太擅长增强员工的目标感。

本书将呈现一系列研究，探寻为何目标如此有效——对个体、团队和组织而言皆是如此。笔者会借鉴神经系统科学家的研究成果，列举世界各地的例证来证明目标可提高绩效，展示目标为何在这个更数码化、更透明的世界中越来越重要。本书将阐释员工敬业程度为何可以成为提高绩效和自身的关键，阐述它能够为激发员工自发努力、营造积极的文化氛围做出多大贡献。从硬性财政指标和软性无形指标来看，拥有共同目标的组织绩效远远优于毫无目标感的组织。员工敬业度得分最高的公司增长值超出得分最低的公司 2.5 倍。

为了写作本书，笔者采访了 30 多位各行各业的首席执行官，他们讲述了自己如何将目标框架作为长期和短期决策指南针的故事。他们还讨论了目标如何激励员工寻求解决方案，从而产出持久价值和回报。其中一些领导者通过清晰有力的目标陈述，将公司从崩溃边缘拉回正轨；一些领导者将快速前进的公司发展成了跨国巨头；还有的领导者则保证了机构组织的长期兴旺发达。

这些领导者也描述了自己如何通过目标改变绩效，如何通过意义而非恐惧激励员工，如何打造充满活力、高绩效的文化，这些做法往往还能挽救机构于危难之中。除此之外，被采访的领导者还分享了自己是如何陈述目标、价值观和大目标的。

我发现，倘若能够将目标、价值观和大目标融入整体框架，并完整地传递出来，就可以打造有力的工具，为提高绩效创造前提——让你的机构组织更加灵活自主、更富有活力、更加统一。

本书末尾，我列出了一个框架供参考，辅助读者清晰陈述愿景、价值观和目标，创建自己的强大目标框架。有了这一框架，你就能更好地传达目标，更好地激励员工努力。

对各级领导者而言，这种目标框架是成功必备工具。

目　录

引言　目标改变生活　/ 001

　　改变生活　/ 003
　　全新的目标　/ 004
　　目标创造商业价值　/ 005

第一部分　目标对绩效具有重要影响　/ 009

　　一　高效领导　/ 011

　　　　目标改变大脑化学成分　/ 012
　　　　目标—价值观—大目标　/ 013
　　　　年轻人同样重视目标　/ 014
　　　　躲避威胁，追求奖励　/ 016
　　　　深入领导者的大脑　/ 018
　　　　如何激发振奋人心的动机　/ 020
　　　　语言改变大脑　/ 021

二　目标运动　　　　　　　　　　　　　　　　　／024

基于目标经营，建立信任　　　　　　　　　　　／027

目标：大材小用的资产　　　　　　　　　　　　／028

目标带来多种收益　　　　　　　　　　　　　　／031

现任领导者和未来领导者　　　　　　　　　　　／032

为何领导者应聚焦人际关系、目标和价值观　　　／033

领导者与投资者应深入交流　　　　　　　　　　／035

连接短期利益和长远发展的金色纽带　　　　　　／040

目标、价值观和大目标需保持一致方向　　　　　／041

三　目标和员工敬业度　　　　　　　　　　　　　　／044

全球蒙受巨额损失　　　　　　　　　　　　　　／046

懒散员工导致大灾难　　　　　　　　　　　　　／047

敬业度助力领导　　　　　　　　　　　　　　　／048

员工高度敬业的特质　　　　　　　　　　　　　／050

热爱工作，不代表可以不停工作　　　　　　　　／051

领导需要什么：目标、愿景、价值观、挑战性目标　／052

尊重的力量：领导者最重要的素质　　　　　　　／053

12 条鼓舞士气的领导力沟通原则　　　　　　　／055

四　用目标提高绩效　　　　　　　　　　　　　　　／063

领导者该如何鼓舞团队士气　　　　　　　　　　／064

糟糕的倾听者　　　　　　　　　　　　　　　　／066

重要管理行为：从员工角度看问题　　　　　　　／067

管理者行为的重中之重——来自研究的启示　　　／069

最鼓舞人心的 8 种领导行为　　　　　　　　　　／072

管理者常常高估自身表现　　　　　　　　　　　／073

三分之二的员工称通常会付出自发努力　　　　　　　　　／073

能否激励员工影响生产力　　　　　　　　　　　　　　／075

激励自发努力的秘诀　　　　　　　　　　　　　　　　／076

4种最重要的管理行为　　　　　　　　　　　　　　　 ／077

五　价值观的价值　　　　　　　　　　　　　　　　　　　／079

价值观是行动中的信仰　　　　　　　　　　　　　　　／080

全球性调查显示，人们重视价值观　　　　　　　　　　／082

40%的民众认为商业是不道德的　　　　　　　　　　　／084

价值观让团队更灵活　　　　　　　　　　　　　　　　／085

植入价值观并非易事，却会受益无穷　　　　　　　　　／086

价值观应具有解放性、有测量标准　　　　　　　　　　／087

理解不同类型的价值观　　　　　　　　　　　　　　　／088

六　测量目标的价值　　　　　　　　　　　　　　　　　　／091

改变商业思维和行为方式　　　　　　　　　　　　　　／091

无形资产——成功的真正驱动力　　　　　　　　　　　／093

信任是宝贵的无形资产　　　　　　　　　　　　　　　／095

目标催生信任，提高增长率　　　　　　　　　　　　　／096

目标关乎为所有人创造价值，怎样跟踪长期价值创造最有效　／097

公司的价值创造故事＝竞争优势　　　　　　　　　　　／099

整合性报告有助于目标表述　　　　　　　　　　　　　／100

整合性报告有助于优化决定　　　　　　　　　　　　　／102

第二部分　明确目标：用目标引领团队　　　　　　　　　　／105

七　从生存到繁荣　　　　　　　　　　　　　　　　　　　／107

当今公司没有为长远增长而投资　　　　　　　　　　　／108

	为股东创造价值，但也向股东索求价值	/ 109
	从生存到繁荣	/ 110
	可持续性与繁荣潜力	/ 112
	大胆描述 10~30 年期愿景	/ 114
	长期愿景和目标的区别	/ 115
	实现长期愿景后，再确定新愿景	/ 116
	定性的长期愿景	/ 117
	改变世界	/ 119

八　真实的目标　　　　　　　　　　　　　　　　　　　　/ 122

	高于利润的目标	/ 123
	使命与目标有所区别	/ 125
	设定顾客目标的公司出类拔萃	/ 125
	顾客期待受到尊重	/ 127
	情感纽带即有力盾牌	/ 128
	兑现承诺，尊重顾客	/ 129
	让顾客认同公司目标	/ 132
	使用引发顾客共鸣的语言	/ 134
	还需引起员工共鸣	/ 135
	为顾客提供真实的体验	/ 138
	忠于目标，数十年如一日	/ 140
	如何为公司制定真实的目标	/ 142
	恪守目标，引领成功	/ 143

九　文化即竞争优势　　　　　　　　　　　　　　　　　　/ 145

	中层管理者关系文化兴衰	/ 148
	是什么在阻碍员工践行价值观	/ 150
	价值观有错就改	/ 154

领导者应深入一线理解文化 / 155
价值观是维系顾客和品牌的情感纽带 / 158
用强大的价值观激活员工 / 160

十　走向成功的框架 / 165

员工希望对战略目标有所贡献 / 166
保持方向一致，君主航空起死回生 / 168
走向成功的框架 / 173
全新目标、愿景和价值观框架挽救健康护理公司危机 / 174
让员工在工作中制定具体目标 / 179
如何串联目标、保持方向一致 / 180

十一　目标明确的谈话 / 184

保持方向一致是持续的动态过程 / 186
鼓励培训管理者开展目标明确的谈话 / 189
目标明确的谈话可提高公司收益 / 191
管理者应践行目标和价值观，以身作则 / 193
对照标准，推动变化 / 196

第三部分　明确目标领导：行动指南 / 201

十二　明确自身目标 / 203

为何需在价值观中注入自己的热情 / 205
从认清自我优势开始 / 207
欲了解他人，先了解自身…… / 208
全面了解自身优势 / 209
目标激发勇气 / 210

	起点	/ 212
	全力以赴	/ 221
	目标让你魅力四射	/ 222
	彰显价值观，保持连贯性，始终坚守	/ 223
	用正确的价值观创造价值	/ 224
十三	目标框架	/ 227
	确保全体成员理解并赞同全部术语	/ 229
	在目标和利润之间保持平衡	/ 230
	在结果和人际关系之间保持平衡	/ 231
	目标框架	/ 232
	总结	/ 242

资　料　　　　　　　　　　　　　　　　　　　/ 245

	目标框架指南	/ 245
	测一测你的激励指数	/ 247

特别感谢　　　　　　　　　　　　　　　　　　/ 249

引　言
目标改变生活
从服刑者到目标明确者

第一次在监狱用餐非同寻常，食物比我想象的要美味得多。

除了深锁狱门之中、屋里没有窗户、重重严防死守的警戒高墙及一道道护栏和安全门外，其他体验都如同餐馆一般！屋内装饰优雅低调，桌子布置得很仔细，房间干净、明亮又舒适。屋里可以看到厨房里面，因此可以看到正在烹饪的厨师。

服务生也是服刑人员，我点了一份三道菜的大餐。食物都是由服刑者自己准备的，从口感和外观可以看出，这些大厨极具天赋，服务员也个个彬彬有礼、贴心周到，用餐体验好比当代顶级餐馆。

菜单上头盘、主菜和甜点约有 5 种供选择，肉类、素食和鱼类菜品可自选。不少食材采自狱中菜园，这也是教授服役人员园艺技巧的项目内容之一。和普通餐馆的不同之处仅仅在于必须使用塑料餐具，当然，里面不提供酒或含酒精的饮品，也不能使用现金。

走进监狱前，我们要接受检查，确保身上没有任何可用作凶器的物品。故餐馆也不提供金属餐具，因此烹饪的食物种类受到一定限制。这里无法提供需用金属餐具切割的食物，大厨专攻慢炖食物，如羊肩肉和炖羊肉。

一些张罗菜肴的服刑者需服刑 5~10 年。我去的是 High Down 皇家监狱（HM Prison High Down），这是一座位于英格兰萨里郡班斯戴德（Banstead）郊区的地区性 B 类监狱，关押的犯人来自克罗伊登（Croydon）和盖尔德福德（Guildford）刑事法庭及周边地方法院。

关押在英国 B 类监狱的犯人因暴力行为、危害生命、持枪、抢劫、毒品或性侵犯服刑。押送至 B 类而非 A 类监狱，是由于综合各类审判因素，认定他们无须最高安全警戒，但仍需相对较高的警卫以防其越狱。

澄清一下，我是应好友之邀前往体验特殊餐馆的，到了那儿之后朋友才告诉我这个惊喜。出发前他们哄我带上护照，根据要求进门时须出示身份证件。手机和其他构成安全隐患的物品均须寄存在保险柜中。朋友至少提前 72 小时才预订上，并被告知须采集指纹和照片。

不得不承认，走进监狱、被带入餐馆的过程有点吓人。工作人员领着我们缓缓穿过一道道高墙、大门、重重的门闩和隔离区，再穿过一座院子，最后走进一个房间，邀我们在桌边坐下。我们身后的门被锁上了。

我们所在的监狱餐馆是一家由监狱慈善机构（The Clink Charity）和皇家监狱服务共同运营的高档餐馆，由曾在伦敦 Mirabelle 餐馆掌勺的名厨阿尔贝托·克里奇（Alberto Crisci）提议创办。监狱餐馆于 2009 年 5 月启动，是监狱慈善机构运营的四家培训餐馆之一，同时启动的还有一个园艺计划和活动餐饮服务项目。

本书写作时，已有超过 500 名服刑者从监狱培训项目中毕业，他们在服刑的最后 10 个月中至少每周工作培训 40 小时。该慈善机构每年在这些计划中提供超过 150 个岗位，旨在通过培训服刑人员从事烹饪、清洗或前台服务帮助他们重返社会。刑满释放后，毕业生将被输入服务业工作。该项目已摘得众多奖项。

每家餐馆培训中心都会为服刑者提供实战工作机会，与此同时，可获得国家认可的行业协会证书。High Down 皇家监狱的餐馆已荣获《时间和休闲》（*Time and Leisure*）杂志整体最佳餐馆奖，在 TripAdvisor.com 网站上可以找到关于该餐馆的评论。

监狱慈善机构位于 High Down 皇家监狱，克里斯·莫尔（Chris Moore）任首席执行官。克里斯·莫尔称，激励他参与该项目的动机是减少再犯率，

2009 年该数据仍高达 57%。他说道：

"餐馆环境与监狱日常生活大不相同，这就意味着在餐馆工作时，服刑者不用像在监狱中那样生活。他们每天工作 8 小时，一周下来就有 40 小时。他们身穿工作服，学习合作共事。这是在挑战公众观念——服刑者和你我看起来没什么区别。

"监狱餐馆很成功，所以现在卡迪夫（Cardiff）和布里克斯顿（Brixton）的皇家监狱也开办了餐馆，柴郡的斯泰尔（Styal）刚开了第四家——这是第一家设在女子监狱中的餐馆。我们争取到 2017 年在英国开 10 家，每年释放超过 500 名服刑者。"

监狱慈善机构的运营项目分五步走：招募、培训、支持、聘用、提供指导。参加培训的学员是从服刑期剩余 6~18 个月的犯人中仔细挑选的。他们努力获取烹饪、前台服务和服务业清洗的从业资格。监狱餐馆会帮助他们联系潜在雇主、准备简历和推荐信。该机构约有 200 家合作的雇主资源库，涵盖餐饮供应商、连锁店、酒店和高档餐厅。

更重要的是，刑满释放时慈善机构工作人员会在监狱门口迎接培训学员，此后仍会为他们提供指导。获释前 18 个月和获释后的头 12 个月，工作人员都会和受训者在一起，引导他们。克里斯·莫尔说，这是项目成功的关键。

改变生活

监狱慈善机构的网站上发表了一些案例分析，展示工作对这些个体产生的积极作用，若不然，这些人可能会走上截然不同的消极道路。

二次入狱的迈克尔（Michael）就是一个正面案例，他 25 岁，第一次入狱是 17 岁时因为小偷小摸，第二次则是因入室抢劫。童年遭遇不幸、少年盗窃犯罪，迈克尔在监狱慈善机构的帮助下得到了救赎。该机构的帮助改变了他的生活。这里举办了各种研修班，旨在提高学员的自信和动力、传授面试实战经验技巧及服务业知识，还组织学员去伦敦高档酒店参观实习、让学员与业界顶尖经营者展开互动。

得到重新做人的机会，迈克尔展现出非比寻常的热情和决心，他迫切渴望改善自己、女友和儿子的生活。他现在的老板说："我可不想失去迈克尔。他很棒，正是我想要的员工。我愿意永久雇佣他，毋庸置疑，他是很棒的员工！"

慈善机构网站上还有托尼的故事，他称自己现在已经拥有自信、人生方向和社交技巧了，并且在社交互动较多的环境中更自然了，这全得益于监狱慈善机构的帮助和支持。他打算用自己受训获得的技能，努力在餐饮服务业学习进步，更上一层楼："我希望有一天能创办自己的餐馆和俱乐部，现在我已经明白，勤奋工作就会有收获。"

迈克尔和托尼的生活都发生了改变。据最近报道显示，受过监狱计划培训的服刑者再犯率从原先的57%下降到5%。这不仅造福出狱者，还造福社会。再次犯罪是当今社会面临的最大挑战之一，若能降低再犯率，就能降低犯罪率及相应的社会开支。减少犯罪，同样意味着减少受害者，因此人人都会从中受益。

就像服刑者自己所说的那样，参加培训计划就意味着新生活、新方向和新目标。

全新的目标

High Down 皇家监狱之行让我深受启发。之前我已写过两本关于领导沟通鼓舞人心的书。探访监狱后我深受震撼，找到生活目标具有如此强大的力量，引发巨变。如果目标能为个体带来显著的积极改观，那强大的目标能如何改善商界呢？

如果监狱慈善机构能改变服刑人员的生活，造福社会，那鼓舞人心的目标能否在商界和国家的经济体产生类似效果呢？

如果公司领导者愿意花费时间和精力，与所有雇员以及外在利益相关者分享、沟通鼓舞人心的共同目标，激励士气，会带来怎样的效果？是否有助于创造长远价值？是否能为公司带来竞争优势？它到底是如何激励雇员更加努力工作、进一步提高自身能力、取得更多成果的呢？

我已经发现，大部分组织的确设有目标，但主要是基于盈利的目标。虽说以盈利为导向的目标能够让股东乃至公司董事会积极投入，但难以激励员工努力，也难以激发优秀组织行为和组织文化。如此一来，不仅会南辕北辙，有时还可能引发只顾眼前利益的毁灭性行为，损害组织和股东的长远利益。

拜访 High Down 皇家监狱之后，我对这个问题更加好奇，我开始思考一个简单的问题：目标有何价值，价值观的目标究竟是什么？在接下来的数月中，我采访了 30 多位来自不同组织的首席执行官，询问目标和价值观是如何辅佐他们进行领导的。这些领导者有的通过清晰有力的目标陈述将公司从崩溃边缘拉回正轨，然后迅速发展为跨国巨头；还有的则实现了机构组织的长期兴旺发达。

除此之外，我花费数月时间研究该主题，探索神经系统科学，请教各类智囊团、领导能力研究机构、管理学组织、会计协会、人才发展和工作场所研究组织以及员工敬业度研究专家，并自掏腰包对 2000 多位雇员及 1800 多位管理者就该问题进行调查。

目标创造商业价值

从研究中我得出一个结论：无论公司大小，若能采用适当方式清晰陈述强大有力的目标，让全体雇员真正统一在这个目标之下，就能够创造出可观的商业价值。如果领导能够让正确的目标与强大真实的价值观相互配合，就可以打造出既有助于当下繁荣，又有利于长远发展的文化。

无论你是大组织的首席执行官、分支机构的领导者，还是小团队的领导者，都会从目标中受益，情理相通。共同目标和强大的价值观有助于创建互利共赢的关系和强大的声誉、增进信任和可靠度——数字革命和社交媒体催生了高度透明的光速时代，上述特质在这个时代皆是稀缺之物。

当今世界，无形资产是最关键的未来价值驱动力，在这种背景下，各级领导者和高层管理人员该如何看待目标、传达目标，才能激发高水平绩效？这只有让员工体会到强烈的目标感，激励他们更加敬业、更加投入才能实现。

研究中，我发现人们开始更加频繁地谈论目标的重要性，讨论无形资产管理测量方式的重要性，无形资产包括公司文化、人际关系、声誉、人才、信息和敬业度。领导力本身就是一种极其宝贵的无形资产。

一些领导者带着强烈的目标感出发，并继续凭借目标维持当下的商业繁荣，我们可以从他们那里学到什么？一些领导者挽回了处于破产边缘的公司，我们可以从他们那里学到什么？还有一些领导者维持了公司十几年的商业繁荣，我们可以从他们那里学到什么？

研究该话题时，我听过最振奋人心的话也许要数信用卡行业巨头威士国际（Visa International）创始人、前首席执行官迪伊·霍克（Dee Hock）的评论。他于1970年创建该集团，如今规模比当初大100倍，并以每年超过20%的速度继续扩展。现在，威士国际在全世界约200个国家经营，有22000家合作银行，7.5亿名客户，年交易额达1.25万亿美元。

迪伊·霍克说道："金钱既不能激励优秀员工，也不能激励员工展现最优秀的一面。它可以驱动身体、影响大脑，却不能触动心灵、鼓舞精神。从信仰、原则和士气来看，金钱的功效很有限。"

迪伊·霍克坚信目标的力量，他说："深思明智之举，源于简明的目标和原则；幼稚愚蠢之举，来自复杂的规章制度。"

此言极是。繁文缛节扼杀主动性，还会导致员工刻意采取低效、无济于事或错误的方式行事，因为他们明白自己无法从受此限制的规定中解放出来。而强大的目标和一套有力的价值观则能解放你的下属，指引他们自主做决定。这样即使领导不在场，员工也能够自行判断，并坚信自己肩负使命，遵循组织的原则完成任务。若想让员工尽情施展才华，就很需要这个框架。

正确的目标、价值观和大目标能让你的员工更敬业、更投入,从而更愿意付出自发努力,助你达成目标。我所见的案例均表明,倘若公司设定共同目标、定期沟通目标和价值观,并且有有魅力的领导者,绩效都会在一定程度上优于同行。

该如何看待目标、价值观和大目标?如何传达这些信息才能在团队或组织机构中收获最佳效果?如何才能尽可能地为员工提供有利条件,让他们助你成功?解答这些问题就是本书的目标。

第一章预告:为何应从大脑化学成分出发思考该问题。

第一部分
目标对绩效具有重要影响

"深思明智之举，源于简明的目标和原则；幼稚愚蠢之举，来自复杂的规章制度。"

——迪伊·霍克，威士国际创始人、前首席执行官

一

高效领导

一切尽在大脑中

将人际关系和目标摆在结果之上的领导，能提高员工绩效。为什么？因为目标感、归属感和受尊重的体验，可以让人感受到自我价值，改变大脑的化学成分，从而改变一切——影响对痛苦的感知、解决难题以及应对困境的能力，甚至可以改变身心健康状况。

如果领导者多懂一点大脑运作方式的相关知识，就能更好地鼓舞员工。人们若能找到目标感，并怀揣梦想追逐积极的目标，益处是无穷无尽的。他们会改变自己，让家庭更美好，改善当地社区，提高组织和公司的绩效，创造更多的财富和价值，并会从方方面面为社会做出贡献。

让我沉迷于目标重要性的是这个问题：在监狱餐馆项目工作的犯人，究竟是怎样让生活发生翻天覆地的巨变、为身边的人们带来积极影响的？

是的，不难看出，他们有了全新的目标，还得到了许多帮助。但对这些个体产生积极影响的目标，到底是什么？感受决定我们的表现，我一直都很清楚。可感受不是一种情绪吗？情绪化的心理状态不是一种应对刺激的生理反应吗？对于这些问题，谁有高见？若想深入了解，我该请教谁？

答案当然是请教神经系统科学家——那些研究神经系统和大脑的人，尤其是研究行为和学习领域的人。为什么找他们？因为世界各地的神经系统科学研究正在拼合大脑与行为的联系，特别是针对工作领域的研究。此类研究对于如何成为更高效的领导者具有重要启示意义。理解大脑如何运作、释放哪些化学物质，对成功制订策略来说至关重要。

更具体的问题是，在大脑和赋予人们目标方面，科学家有哪些研究成果？这些研究成果对我们从事团队领导工作有哪些启示意义？为了找寻这些问题的答案，我求助了英国神经系统科学研究会（British Neuroscience Association）终身荣誉会员、米尔顿·凯恩斯公开大学（Open University in Milton Keynes）在职学习负责人邓肯·班克斯博士（Dr. Duncan Banks）。为什么找他？因为邓肯·班克斯博士是英国首屈一指的神经系统科学家。

邓肯·班克斯博士说道：

"目标往往源自为组织整体利益而参与活动的意愿，这完全取决于你能否感到自己的价值。

"监狱是人们最难投入热情、最难充实自我的地方，因此任何能增强犯人目标感、深入体会自己在社会中扮演积极角色的事情，都可以让他们充实自我，对他们产生积极影响。让他们感到自己有价值，他们就会更努力。"

他说，我们都是集体动物，这种集体感还会随着沟通技巧的发展而越发强烈：

"我们知道，从幼年开始，自我充实就在人类大脑发育中起着重要作用。给人一个能够充实自己的环境，让他发展，你就会发现他能变成更优秀的个体。如果把人放在贫瘠、体会不到尊严和自我价值的环境中，他就很容易走下坡路，无法做出贡献，无论在商界还是在社群中皆是如此。"

目标改变大脑化学成分

"当人产生目标，尤其是共同目标时，大脑化学成分就会发生变化。这些化学成分的变化能改变一切——对痛苦的感知、解决难题和应对困境的能力，甚至改变身心健康状况。"邓肯·班克斯博士说道。

催产素（由大脑神经元释放）就是该类化学物质之一，它是一种在积极社交互动后产生并进入血液的激素，可对全身产生有益影响。研究表明，催产素可通过缓解炎症来促进伤口愈合。催产素含量增高能减缓焦虑感，对抗紧张情绪，与社会支持相结合时效果尤为明显。这种化学物质能够有力推动亲社会行为，且有证据表明，它能增强信用、减轻恐惧感。

"出于上述所有原因，领导者需要思考一下，自己是否让员工感受到了自我价值。"邓肯·班克斯博士说。

"他们是否让员工感受到了共同的目标，并产生了集体归属感？领导者是否采用了恰当的沟通方式？在劝导鼓励的同时，是否也让员工参与、聆听员工意见了呢？只有通过有效沟通，领导者才能让员工体会到自我价值感和尊严感。

"这些附带的积极影响可以提高绩效，因为感受到自我价值的员工乐意响应号召，会下意识地更加努力工作。"

努力寻找生命的意义，是人类最原始、最强大的驱动力。但对此我们该如何测量呢？

1964年，心理学家詹姆斯·克伦博（James Crumbaugh）和伦纳德·马霍里克（Leonard Maholick）设计了"生活目标"（Purpose-in-Life）量表，这也许是目前世界上使用最广泛的目标量表。

目标—价值观—大目标

克伦博和马霍里克的生活目标量表基于三个维度。首先，相信生活的确是有目标的。其次，关注个人价值观体系的维系。最后，关注达成未来目标、克服未来困难的动机。

生活目标测试的问题旨在判断：一个人感到"存在的虚无"，即生活缺乏意义或目标，还是拥有强烈的动机和自我价值感。

除此之外，其他心理学家也设计了一些量表，用于测量人们在生活中是否感受到了生命的意义，如著名的里夫心理健康量表（Ryff Scales of Psychological Well-Being），由威斯康星大学麦迪逊校区（University of Wisconsin Madison）研究者卡罗尔·里夫（Carol Ryff）构建。她说："我是心理学家，会从健康心理运作的关键成分来研究延缓衰老的问题。我们的研究聚焦于心理健康的六个维度：自主性、对环境的掌控、个人发展、与他人的积极关系、生活目标、自我接受度。"

研究证实，她的生活目标量表与各类心理健康及其他心理变量也息息相关，如生活满意度、精神面貌、快乐和自尊。

科学界为何对目标如此感兴趣？

现在，科学家认为，生活中拥有较强的目标感能为健康带来多种益处，能预防中风、降低患心脏病的概率、预防阿尔茨海默病和其他形式的痴呆，有助于缓解抑郁，还会在其他方面对健康起积极影响，如改善心理健康、提高幸福感、促进个人发展和自我接受、改善睡眠，甚至还能使人更加长寿。

芝加哥拉什医学中心（Rush Medical Centre）记忆和衰老研究小组负责人戴维·班内特博士（Dr David Bennett）的一项特别研究发现，生活目标得分较高者免遭阿尔茨海默病的可能性比得分较低者高 2.4 倍。

年轻人同样重视目标

如今，所谓的"千禧一代"将从事有意义的工作列为决定事业成功的三大要素之一，30% 的"千禧一代"将目标列为最重要的因素。"千禧一代"是指出生于 1980 年到 2005 年之间的人群，该群体的事业刚刚起步，他们是接下来几十年重要的经济驱动力。只要工作在他们看来是有意义的，这群人宁愿少赚一些钱、长时间在不规律的时间段工作。这是来自美国网络高校德福里大学（De Vry University）职业咨询委员会的研究结果。

如此说来，快乐地在目标指引下工作十分重要。快乐而敬业的员工效率更高，在工作中也更愿意努力开动脑筋。这就是领导者的职责——让员工敬业，增强他们的目标感。那么领导者做得怎样？

令人震惊的是，世界各地的研究均表明，大量员工都缺乏工作热情。这样的员工不利于开展工作，也会给同事和领导制造许多麻烦。盖洛普调查研究表明，无论经济形势如何波动，员工敬业度多年来始终没有太大变化。对工作充满热情的员工实在少之又少，且大部分是参加工作没多久的人。

不过，正如班克斯博士所言，倘若你作为领导者能赋予员工鼓舞人心的目标，帮助他们融入以共同利益为指导的组织，就能创造奇迹。

神经系统科学研究的是如何让大脑处于最佳状态，它能为所有立志于找准目标、提高创新与合作、为团队打造高绩效文化的领导者带来最根本的启示意义。

那么，领导者该如何让工作中的大脑在思考和执行方面保持最佳状态呢？答案就在这里：让领导者更擅长鼓舞士气、更令人愉快、更专注员工感受。我很喜欢戴维·麦克里奥德（David MacLeod）和尼塔·克拉克（Nita Clarke）的研究，两人撰写了一份名为"为成功而投入"的报告，该成果展示在 engageforsuccess.org 上。

2008 年，时任英国创新和技能部国务大臣的约翰·哈顿（John Hutton）委任戴维·麦克里奥德和尼塔·克拉克撰写报告，研究下列三个问题：何谓员工敬业度？是否有证据足以表明它的重要性？组织中有哪些要素能有效激励员工投入工作？

研究结果表明有四大要素：

1. 设定强大的战略性陈述，清晰表明员工行为所指向的组织目标。（拥有目标感和强大陈述、愿意花时间进行沟通的组织拥有更多敬业的员工。）

2. 管理人员鼓舞人心，能够协助、培训、认可、尊重员工。

3. 鼓励员工说话、出谋献策，老板尊重员工意见且会酌情采纳。

4. 言行一致，组织提倡的价值观和实践中的价值观在各层级都保持一致。

躲避威胁，追求奖励

领导者鼓励员工为积极目标工作，就是在利用大脑的运转原理，从而更容易获得成功。我们的大脑会主动躲避威胁或追求奖励。躲避威胁会产生各种消极大脑化学成分及相应行为，然而，领导者每天都在这样对待员工，无论有意还是无意的。

现居英国的变更管理和脑神经科学咨询师、作家希拉里·斯嘉丽（Hilary Scarlett），正在与英国私有和公共领域的四大主要机构合作开展应用脑神经科学的研究。希拉里·斯嘉丽也在和伦敦大学学院（University College London）的沃尔什（Walsh）教授合作，致力于将认知脑神经科学应用在实际管理工具中。她的研究项目横跨欧洲、美国和亚洲，专注发展以人为本的变更管理项目、员工培训和员工敬业度。

她称，大脑最基本的组织原则是躲避威胁、追求奖励。尽管我们的大脑已经进化了，但与史前祖先还是保持基本一致。原始人的大脑是基于生存需要来运作的。在躲避威胁和追求奖励之间，前者显然更关键：

"我们的大脑有预测功能，希望能够预测、理解周围正在发生的事情。变化本身就会阻止大脑的预测功能，模糊的变化就更糟了，的确会让大脑不知所措。

"这一切都意味着大脑倾向于躲避威胁、追求奖励。面对威胁时，人们会分心、紧张，对同事会流露出更多敌意，绩效下滑，免疫力下降；而思想状态积极、追求奖励时，则会更专注，更乐意合作、学习，更具有创新精神和创造力，更乐意热情投入做一番事业，身体韧性也会随之增强。"

希拉里·斯嘉丽的研究同戴维·麦克里奥德和尼塔·克拉克提议的四大敬业度驱动力有何联系呢？让我们再回顾一下四大驱动因素：

1. 强大、目标明确的陈述；
2. 鼓舞士气的管理人员；
3. 员工的声音；
4. 强大、一致的价值观。

强大、目标明确的陈述

强烈的目标感和一系列清晰的目标能让人们更明确组织的期待，从而更好地进行预测，希拉里·斯嘉丽称：

"出于预测需求，我们的大脑渴望确定性。让行动和组织目标形成直接联系非常重要，这样能让人感到自己受重视，感到自己的工作很重要，感到自己做出了一番贡献。感到受重视，我们的大脑就会进入积极状态。

"研究表明，对大部分人来说，做有意义的事意味着为他人做有意义的事。战略性陈述对员工敬业度而言具有重要意义，但若能阐述员工如何造福他人，就更有力了。"

鼓舞士气的管理人员

生存本能驱使我们渴求联系，希拉里·斯嘉丽解释道，因此鼓舞人心的管理人员至关重要：

"从娘胎里开始，我们就会关心是否有人在照顾自己。对联系的需求贯穿一生，在工作场合亦是如此。我们的大脑始终会关注自己是否被接受，是否是团队的一员。被接受了，大脑就会进入积极状态，并能在这种状态下做积极的事情。让团队的每位成员都产生集体归属感，是所有管理者的责任。我们的大脑倾向于社交，但大部分组织机构对此关注度不够。"

员工的声音

我们最深层次的需求之一，是拥有一定控制权，或至少感到自己对环境有所掌控，希拉里·斯嘉丽说道。如果无法掌控，就会感到无助，在史前环境中则意味着难以生存。对我们21世纪的大脑来说，缺乏自主性会更紧张："许多研究表明，有能力产生影响的人更加健康长寿。这就是脑神经科学对于大胆发表意见的启示，员工的声音是敬业度的基本问题。能够发表意见的员工能够感受到自己对环境的影响。"

强大、一致的价值观

最后，希拉里·斯嘉丽解释，为何组织的言行一致对员工来说也是至关重要的，即提倡的价值观和实践中体现的价值观保持一致：

"脑神经科学发现，不确定性会对大脑产生消极影响。如果被告知一件事，但发现实践中呈现的是相反的价值观，就会产生不确定性，让人感到威胁。言行一致，关乎公平公正，平分食物、共同围火取暖，是最原始的生存本能。

"脑神经科学研究同样证实了增强目标感在公司中的重要性，但这一要求也让需要鼓舞士气的管理人员身兼数职：要让员工产生团队归属感，要告诉员工他们很重要，要遵守团队价值观，还需要尊重员工对团队目标的建设性意见。

"脑神经科学的作用之一，即凭借科学的语言向管理人员解释，员工敬业度并非鸡毛蒜皮的小事。领导者面临的挑战，是如何创造大脑友好型的工作环境——员工在这种环境中充满激情地工作，甘愿下意识地付出努力。"

深入领导者的大脑

理查德·博亚特兹（Richard Boyatzis）是一位美国组织理论研究者，也是美国凯斯西储大学（Case Western Reserve University）组织心理学和认知科学的一位杰出教授，是情商和行为改变研究领域的领军人物。

他称，功能磁共振成像的进步让我们得以探究领导者及其下属的深层心理，理解在领导互动的过程中他们的大脑里发生了什么：

"此类研究表明，领导者的首要任务、最重要的任务，都应是建立关系并通过关系鼓舞、激励其他人各尽所能、创新、适应。与他人建立和谐关系的领导，效率比处于矛盾关系中的领导更高，后者会将员工拒之千里、疏远员工，让员工失去动力。鼓舞人心的关系为何重要，这些神经科学研究说明了基本原因——这种关系有助于激励人们对新想法敞开怀抱，让人们乐意与他人交流。"

理查德·博亚特兹教授希望这些启示能让更多领导者将行动重心从普遍的"结果导向型"领导转向更侧重于人际关系的领导："这并不是说完全忽视结果，而是首先聚焦于能够提高员工绩效、推动员工创新的人际关系——从而带来更好的结果。"

他解释道，领导者的情绪状态会感染周围所有人，哪怕他们竭尽所能隐藏负面情绪，但比起积极情绪，消极情绪还是会产生更大影响，对下属产生更强烈的神经刺激。

"如果你明白领导的工作包括鼓舞他人、激励他人各尽所能、学习、适应、创新，那就刺激他们的大脑产生积极情绪吸引子（Positive emotional attractor，PEA）吧。我们的研究表明，若想激发员工的积极情绪吸引子，需要积极交流，让下属投入对理想未来的积极憧憬之中。

"讨论组织的核心价值观和目标也可以激发积极情绪。然而，身居高位的领导者却总是喜欢以财政数据和目标绩效的测评量表打开话匣子。我们的研究结果表明，尽管数字很重要，但这种谈话顺序会引发困惑，实际上会让下属禁用认知、情感和感知能力。"

先说目标，再说考评标准，与此同时，目标本身不能是考评标准，理查德·博亚特兹教授建议道："如果希望人们打开思路，就需要讨论活动的目标（不只是单纯的目标）以及组织愿景。然后，你就可以引出关于财政数字和考评标准的讨论了。但你得说明白，考评标准位于目标之后，也不是目标本身。"

该项研究有何重大启示？目标先行，标准随后，标准不可为目标本身。利润是成功的考评标准，但并非企业上上下下的目标。

如何激发振奋人心的动机

马塞洛·马努奇（Marcelo Manucci）既是一位传播学博士，也是一位心理学家，现居都灵。硕士期间，他学习了认知神经学以及系统疗法和心理剧疗法。他建议领导者关注员工的情感股本，并称之为"由激励催生的动力"。

马塞洛·马努奇博士认为，处于该状态的员工心怀积极憧憬，对各种可能性持开放态度，甚至还能产生更多灵感，他们认为自己的自主性和敬业度能够影响公司的方方面面。他说创造力和工作热情看起来就是这样的。

他的研究表明，管理者需要使用四步来换取由激励催生的动力。首先，需要向每一位员工传达组织目标、目标以及合作共处的价值。其次，需要增进彼此之间的情感资本、信用和安全感，这样才能有效地合作沟通。这就是为何需要丰富团队人员的多样性，融合来自不同性别、不同年龄段以及不同理念的人员的观点（同时保持相互尊重的环境）。再次，他指出分享贡献的价值很关键。工作的目标不只是拿工资，员工的贡献有待得到公司中其他人的认可，尤其是直接领导者。认可员工对实现公司目标的参与和贡献非常重要。最后，他称有必要鼓励员工认识到自己有能力引领变化，可为改善他人生活做出巨大贡献。

语言改变大脑

高情商的领导也明白,沟通时应仔细斟酌用词。神经系统科学表明,我们的大脑会对各种类型的话语做出反应,无效或消极的沟通可能会改变大脑神经途径,带来持久的负面影响。同样地,积极语言能改变现实,进一步激发动力。

语言的确可以改变大脑,安德鲁·纽伯格(Andrew Newberg)博士和马克·罗伯特·沃德曼(Mark Robert Waldman)说。安德鲁·纽伯格博士既是顶尖的神经系统科学家,也是费城杰斐逊大学医院(Jefferson University Hospital)的一位医师。马克·罗伯特·沃德曼研究传播学、精神和大脑,是世界顶级专家,执教于洛杉矶洛约拉马利蒙特大学(Loyola Marymount University)商学院。

他们在两人合著的《语言改变大脑》(Words Can Change Your Brain)一书中写道:"积极语言有助于强化大脑的认知功能,促进大脑动机中枢采取行动,形成韧性。"

与之相反,敌对的话语会扰乱产生抗压神经化学物质的重要基因。他们称,这将引起担忧。这是原始大脑保护我们远离威胁的机制,我们自然会优先考虑担心的事情。如此一来,即便是一个小小的词语都能让我们大脑中的恐惧中枢更加活跃,发送报警信号,位于额叶的逻辑推理中枢会随之关闭。

纽伯格和沃德曼称,若使用功能磁共振成像观察,"不"从面前闪过不足一秒,都会突然释放许多制造压力的激素和神经传递素。这些化学物质立刻就会扰乱大脑的正常运转,损害逻辑、推理、语言处理和交流功能。

消极语言接触得越多,大脑控制记忆、愉悦感和情绪的主要结构就会承受越多压力,从而扰乱睡眠、食欲以及体验长期快乐和满足的能力。

两位研究者建议:斟酌用词,缓缓道来。这样可以阻止大脑走向消极面,最近一项研究表明,仅仅重复爱、和平和同情这类积极词语,就足以激活缓解身体和精神压力的特定基因。人会产生更舒适的体验,更加长寿,增进与他人的相互信任——在家中和工作场合中皆是如此。

神经系统科学是管理人员的伟大解放者。它用科学的语言解释并证实，管理者有必要进一步关注工作中"软"实力部分——因为打理好这些软层面，达成"硬性"指标和目标就会变得更加轻松。这门科学告诉我们，领导者越是聚焦于高于利润的目标，就越是尊重员工，允许他们发表意见，越能够以强大的文化催生集体归属感，从而更容易获取成功。

下一章预告：日益受关注的全球性目标功用大讨论。

第一章提要

1. 神经系统科学正在拼合大脑和行为之间的联系，尤其是工作环境中的。理解大脑如何运作，对怎样实现高效领导具有启示意义，对达到目标至关重要。

2. 增强目标感、感受到自己在社会中的积极作用，人们会感到更加充实，产生积极效果。科学研究表明，感到自我价值，人们就会加倍努力。

3. 目标感可以改变脑化学成分，对健康、人际关系乃至寿命都有巨大的积极影响。

4. 赋予员工更高的目标、强大的价值观以及挑战性目标，可实现最佳效果，三者相辅相成。

5. 能够感受到自我价值，人们就会更专注，更乐于合作，更善于学习，更富于创新精神，更具创意，更愿意参与、做一番事业，身体韧性也会随之增强。

6. 神经科学表明，对大部分人来说，做有意义的事意味着为他人做有意义的事情。战略性陈述对员工敬业度而言很重要，但若能描述员工的工作如何造福他人，就会更加有力。

7. 明确指出个体工作与组织目标的直接联系很重要。说明个体工作如何带来改变，可让员工感到受重视，让大脑保持积极状态。

8. 领导谈话若是从公司量化指标开始,会让员工困惑,让他们禁用认知、情感和感知功能。先说目标,再说量化指标。

9. 我们的大脑会对各类话语做出反应,消极沟通会导致长期的消极反应,积极语言则可改善状态,进一步激发动力。不同的目标表述方式会带来千差万别的效果。

二
目标运动
日益受关注的全球话题

越来越多的公司、政府、投资者、机构和智囊团开始关注以目标为导向经商有何好处。研究表明，设定高于盈利的目标可以提高绩效、改善利益相关者对公司的态度——从而可为长远成功打下良好基础。与此同时，全球公民调查显示，有80%的人认为，公司在盈利的同时可兼顾促进当地社区经济、社会及环境发展。可悲的是，大部分公司还在制定盈利导向型目标，这对激发员工和顾客的热情无济于事。

2014年，一群忧国忧民的英国多党派政客与各类商界人士和学者聚在一起，坐下来探讨管理和领导力问题。此时，英国正面临着生产力问题挑战。

他们意识到，全球公司都面临着来自一个问题的挑战，即员工敬业度低带来巨额损失，这不仅给公司造成了利润损失，也给各国政府和公民造成了损失。在英国，这是严峻的问题，专家称每年因此损失200亿英镑。

管理类多党派议会小组（All Party Parliamentary Group on Management，APPGM）同英国特许管理学会（Chartered Management Institute，CMI）合作，组建"管理和领导者发展委员会"，为解决这个削弱英国竞争力的问题寻找方案，若不解决，经济增长率将会受到威胁。

英国特许管理学会是英国管理和领导领域的顶尖权威机构，拥有13万实力强大的会员。多党派议会小组是代表多党派共同利益的非正式团队，非议会内部组织，也不受议会领导或议会资金支持，但这些议会小组极具影响力。

2007—2008年经济危机后，英国经济陷入困境，动摇了人们对商界领导者的信任，曾经看似天下无敌的公司在崩溃边缘步履蹒跚，开始疯狂削减开支，这仅仅是为国家解燃眉之急的初步措施。正是在这种大背景之下，管理类多党派议会小组决定成立该委员会。

委员会的任务是什么？他们的任务是调研到2020年英国管理和领导需要做出哪些改变才能保证稳定经济增长。

委员会聚集了议会上议院、下议院以及各主要党派，将它们与商界各领域领导联合起来。委员们综合多方证据思考，参考了来自专家学者、活跃企业家、新晋年轻管理者和世界知名商业领导者的意见。委员会主席为时任英国特许管理学会会长、目前仍担任Monetise金融服务公司董事长、曾任威士（欧洲）首席执行官的彼得·艾里夫（Peter Ayliffe），副主席为哈德斯菲尔德（Huddersfield）议员、管理类多党派议会小组议长巴里·舍尔曼。彼得·艾里夫说：

"委员会收集的证据表明，我们显然正面对着管理的定时炸弹，缺乏远见。我们忽略了可持续发展的重要性，用削减开支来换取短期利润。没人鼓励我们的管理者去大胆冒险，他们也没获得发挥创造力的空间。他们肩负推动经济发展的重任，却没有得到有利于工作的训练和指导，这就导致英国领导人才紧缺。"

2014年7月，管理类多党派议会小组和英国特许管理学会发布了报告《管理2020：面向长远发展的领导》（*Management 2020: leadership for long-term growth*）。它为发起新运动"改善英国管理"（Better Managed Britain）提供了基础。该报告显示，到2020年，英国还需100万名优秀管理人才。发布报告时，委员会向媒体致公开信，其中两位主席写道：

"我们处在风口浪尖上。我们必须将视野扩展到全球化的长远议题上。有的领导者更愿意冒险，更愿意采取创新途径促进收入、工作和利润增长，但相比之下，削减开支和经费的领导似乎因强硬措施赢取了更多尊重。公共领域和社会企业也受到了这种思路的影响，经济目标被置于提供服务和创造社会价值之前。"

开支和利润很重要，委员会主席说道，我们要让管理为全体利益相关者创造价值，这包括为股东、社会和员工创造价值。这是我们未来繁荣和全球化竞争力赖以生存的基础，"董事会必须重新回归组织的长远目标，超越单纯的盈利和量化目标——在对投资者做出可评估的承诺时，也需对顾客、供应商、员工、当地社区、环境做出可评估的承诺"。领导的职能，即增强员工的目标感。

"员工需要理解领导想做什么、为什么想这么做，还需理解这些做法能为组织自身乃至更广泛的利益相关者做些什么，如会产生怎样的广泛社会影响，"委员会表示，"只有这样才能让员工真正认同并参与领导者的愿景。"

委员会发现，员工越来越怀疑领导者的动机，对领导者言行一致抱有更高期待。因此，领导和管理者都需要明确目标和强大的价值观、做到言行高度一致——连基层管理者也需做到，每位管理者皆需把鼓舞士气和增强每位直接下属的目标感视为己任。这就需要管理者塑造合作、公开、公平的领导风格，并为团队成员的职业发展提供支持。

委员会频繁听到，与各类人群沟通的能力是优秀领导的重要品质之一。管理者所要做的不仅是制定战略行动、发号施令，还需确保每位员工始终保持工作热情，保证战略的实现。这就需要沟通行动的目标，尤其需要沟通计划中不同行动分别会给终端客户带来哪些益处。沟通不仅仅可以通过语言实现，还可通过行动实现。

委员会认为，高绩效组织都聚焦于长远发展，都确定了目标和强大的价值观："我们的证据显示，致力于长远发展的公司，往往能高效服务客户、善待员工，为股东带来更多回报。"

目标沟通越有效，利润越高

英国特许管理学会执行总裁安·弗兰克评价道：

"目标催生意义，它是员工敬业必不可少的基础。它能让你的客户与公司形成联系，创建公司与社区之间的纽带。小处有目标，大处也有目标。

"千万别失去目标。一旦失去，就会损失更多。看看那些一度辉煌的组织，犯下大错，风光不再。将利润摆在目标之上，它们就失去了方向，士气跌落，人心涣散。

"目标比公司社会责任项目更有效，因为它不是附属品，而是组织存在的理由。它也与商业模式息息相关——目标坚持得越好，产生的利润越多。所以，还是给组织设定一个目标吧。除此之外，还需要做两件事。首先，频繁传达目标；其次，每年都要对照目标，把你们的进展摆在各大利益相关者面前。"

英国特许管理学会在网站上上传了各种资源，帮助领导者反思自身在践行目标、员工发展和释放潜能方面做得怎样（www.managers.org.uk/management2020）。

基于目标经营，建立信任

所有研究都表明，不仅是英国面临目标问题。世界各地的组织都在调研，更强的社会目标感如何推动商业成效并促进社会繁荣和地球可持续发展。努力重塑信任，是公司运营的基础。增进信任能够推动合作、创意，增强创新精神，加快经济增长。信任缺失将导致繁文缛节、额外开销、问题复杂化并影响决策速度。在重塑信任的过程中，目标扮演关键角色。

全球公关公司领跑者爱德曼（Edelman）每年都会发布信用指示表，该公司跨28个国家针对超过33000名调查对象进行调研。2016年1月，爱德曼公司发布了第16次年度信誉调查结果。这次全球性调查询问调查对象，在能否做出正确选择的问题上，他们对政府机构、公司、非政府组织和媒体这四种机构的信任程度分别如何。

爱德曼公司总裁兼首席执行官理查德·爱德曼（Richard Edelman）称，尽管人们普遍对公司持怀疑态度，但有望填补信任裂痕的也正是公司。总体来说，爱德曼信誉指示表的调查对象认为，公司是最有可能适应飞速变化的组织，相比政府和非政府组织赢取了更多信任。因此在调查的28个国家中，公司在21个国家比政府更受信任。

占绝对优势的80%的调查对象认为，公司可兼顾盈利和提高当地社区的经济社会条件。"努力平衡盈利与造福社会的首席执行官在公众中引发了积极反响，在过去的五年中，首席执行官信任度飙升到48%。"理查德说道。

缺乏信任会带来许多消极后果，但这也为期待脱颖而出、实现可持续增长的公司带来了机遇。信誉是通过共同目标赢来的，设定高于盈利的目标能够改善利益相关者眼中的公司形象，为公司赢得更多支持与合作。信誉指示表显示，68%的调查对象表示曾在值得信赖的公司购买过产品或服务，59%的调查对象称会向朋友或同事推荐值得信赖的公司，超过40%的调查对象曾在线发表对该类公司的好评，37%的调查对象表示曾接受较高价格在值得信赖的公司购买产品，18%的调查对象愿意从这样的公司购买股票。

目标：大材小用的资产

赢得信任仅仅是目标导向型领导的好处之一。全球调查显示，大部分首席执行官认为目标拥有强大的力量，能促进组织发展转型。他们认为难点在于如何将目标植入公司上下各层。

世界经济论坛（World Economic Forum，WEF）是一家位于日内瓦科隆尼（Cologny）的瑞士非营利性基金会，被瑞士权威人士视作公共和私人合作的国际性机构。它通过让商界、政界、学界和其他社会领导人制定全球性、区域性和行业内的议程，努力改善世界状况。论坛以每年冬季的达沃斯论坛著称，达沃斯是瑞士阿尔卑斯山东部山区的一处度假胜地。会上云集约2500名商界、政界、学界领导者及各路记者，探讨世界面临的紧迫问题。

安永灯塔研究所正是于2015年在达沃斯成立的，致力于成为促进商业转型的合作性催化力量。该研究所由不同类型的管理人员、企业家和思想领袖组成，旨在借助目标的科学和执行力推动商业转型。

安永灯塔研究所委托哈佛商业评论分析服务（Harvard Business Review Analytic Services，HBRAS）对全球500位商界领导者进行研究，其中重点呈现全球管理者如何看待目标促进增长、改变组织的强大力量。该研究还发现，目标是一种强大的资产，却尚未充分发挥作用。

该机构发现：

- 大部分管理者相信目标很重要
    ——89%的参与调查的管理者称，强烈的共同目标感可提高员工满意度；
    ——84%的调查对象称，目标可增强组织的转型能力；
    ——80%的调查对象称，目标有助于提高顾客忠诚度。
- 然而，仅少数管理者称自己所在公司目前在以目标为导向运营：
    ——46%的调查对象表示自己所在的公司拥有强烈的目标感；
    ——44%的调查对象表示自己所在公司正在努力设定目标。
- 更重要的是，带有强烈目标感的公司在转型和创新方面更胜一筹：
    ——在拥有强烈目标感的公司中，53%的管理人员称自己的组织成功实现了创新和转型；
    ——在领导者从未思考过目标的公司中，仅19%的管理者称公司转型成功。

安永（安永是全球保险、税务、交易及顾问服务的领跑者）战略执行董事、安永灯塔研究所全球负责人瓦雷里·凯勒说："当今的商业环境会呈现出持续的不稳定性,具有广泛影响的潮流、容易引发混乱的挑战、迅速变化的顾客和员工期待值以及下滑的信任度,都在挑战经商模式。商界领导和思想领袖均认为,强大的共同目标感能够帮助公司应对新挑战、促进组织转型,这个问题越来越重要。"

安永灯塔研究所和牛津大学赛义德商学院(University of Oxford Said Business School)在一份联合报告中称,工作场所出现了以下五大趋势:

1. 越来越多的人开始认为公司是创造社会福祉的合作伙伴。

   "公司既是股东的价值来源,也是应对挑战的工具,"报告中写道,"在各行各业和不同地域,关注点不应止步于减少伤害——也不应仅限于对公司外部负责——公司被推到了积极创造福祉的位置上。"这表明了关键的重心转移:从"为自己创造价值",到"在不造成伤害的情况下创造价值",再发展到如今积极"为更广泛的利益相关者创造价值并与他们携手共进"。

2. 公司更关注目标,态度有所改变。

   尽管"目标"在商业活动中算不上新话题,但如今主导了关于商业的讨论,这是前所未有的。目前人们已从重点关注产品、服务以及信誉、及时等特质(怎样做)的传统使命陈述(公司是做什么的),转移到了陈述存在理由(为何存在)的广义目标上。

3. 管理人员正在使用目标这种通用语,激发利益相关者的热情。

   勇于探索的 CEO 和其他高管正在使用目标这种语言、以全新的方式激发员工和客户的热情和创意。这是一种可为不同人群创造价值的开放源语言。它将"意义"摆在首位,其中有吸引更广泛利益相关者的共同价值观——去认同公司发展道路上的一种股本,这些利益相关者包括员工、客户、供应商、监管者和其他人群。如此创造(共同)意义对当今领导者的工作至关重要。

4. 目标是驱动创新和增长转型的筹码。

这些敢于探索的高管正在自己组织中跨业务部门和职能引领以目标为导向的转型之旅，从品牌识别到商业模式。

5. 落实不到位：目标未能在驱动转型中充分发挥作用。

"各行各业商界专业人士称，陈述共同目标，与在组织中落实共同目标仍有一定距离。我们的研究旨在探索，目标在上市股票、商业模式和管理的层面上如何加强创新的未知领域。"安永灯塔研究所写道。

目标带来多种收益

2016年达沃斯会议预备阶段，瓦雷里·凯勒称有越来越多因目标促进公司繁荣增长的案例。为什么呢？

瓦雷里·凯勒说道：

"第一，表述清晰、志存高远的目标能让公司对战略更加明确。当今世界日新月异，目标就是'北极星'——既能指引短期决策，又能指引长期决策，它是一个固定支点，可以帮助公司决定应采取哪些行动、不应采取哪些行动。

"第二，综观全局，目标可激励人们放眼未来寻求解决方案、引领创新，从而获得长期的价值和回报。如此一来，目标有助于激发创造力、让人们专心解决关键问题。

"第三，目标有助于组织转型，通过意义而非恐惧激励员工，帮助员工理解改变的需要，不让他们感到自己被强制性地变化疏离。

"第四，渴望对大事业有所贡献，渴望找寻生活和工作中的意义，是人类的内在属性。清晰陈述公司目标能帮助员工明白自己在为某项事业奋斗，明白自己不是单纯为了生存竞争而工作，这样就能利用有力、激励人心的普遍诉求。

"第五，目标可让人们看到自己与组织的共同立场，故可架起桥梁，将组织内部层级及不同组织联系起来，从而有助于形成21世纪公司成功必备的沟通合作。"

然而,她称将目标从抱负转化为行动并非易事。"公司的许多层面都未将雄心壮志转化成行动。我们正在帮助领导者转变焦点,从关注目标为何重要,到关注怎样打造目标明确、创造长远价值的组织——以及如何测量高于短期财政动机的价值。"

现任领导者和未来领导者

在公司内部落实目标有一定难度,让我们再来看看,在兼顾为股东创造利润和设定更广泛的社会目标层面,公司做得怎样。现任领导者和未来领导者如何看待这一挑战? 2014 年,可口可乐公司(Coca-Cola Enterprises,负责西欧可口可乐产品的生产分销)委托克兰菲尔德管理学院(Cranfield School of Management)的道蒂企业责任研究中心(Doughty Centre for Corporate Responsibility)对该问题进行调研。

该研究的特别之处在于,为了寻找答案,道蒂中心不仅对现任首席执行官进行了调查,还询问了未来商业领导者的意见。道蒂中心和《金融时报》(Financial Times)的"金融时报评论"合作,采访了来自欧洲的 50 位首席执行官以及近 150 位攻读工商管理学硕士或科学硕士的在校生和毕业生。

研究发现:

- 88% 的现任首席执行官和 90% 的未来领导者认为公司应设定社会目标。
- 然而,仅 19% 的未来领导者认为公司已设定了清晰的社会目标,而持同样观点的现任首席执行官比例高达 86%。
- 关于公司在树立社会目标方面有哪些主要障碍,现任首席执行官和未来领导者意见不一,现任领导者指出了政府和监管制度等外部因素,而未来领导者认为当前的管理态度有重要影响。

研究表明，现任领导者和未来领导者都赞同，公司利润以及为股东创造价值的能力是当今衡量商业成功的最佳指示表。然而，在未来走向方面，这两个群体持有不同看法。尽管绝大部分现任首席执行官认为盈利能力和股东价值在未来会继续充当关键指标，未来领导者对公司应扮演的角色却怀有更高的期待，称公司的社会和环境影响、创新及人才培养将成为日后商业成功的指标。

道蒂研究中心指出，有三种关键发展能加速公司转型、采取社会目标：

- 第一种是要保证公司盈亏报表中全面体现环境和社会支出。

    然而，道蒂中心指出，如果政府不通过相关干预进行纠正，将此类损耗计入开支于投资者而言并非明智之举，因为这不会对财政数据或资产负债表产生任何影响，因而对公司利润也毫无影响。这说明公司资本开支无法真正反映运转的可持续性。

- 第二种是增强企业透明度和问责制。

    不过，这一点的落实有赖于公司清晰陈述目标和价值观，有赖于公司用规定的标准衡量、汇报、总结目标的实践成果，在评估财政绩效的同时，还需对社会、环境和经济影响进行评估。

- 第三种是寻找并分享因设定社会目标而走向成功的公司案例。

    "世界各地都有一些在可持续发展方面处于领先地位的公司，我们需要用这些成功经验来激励现任和未来的商业领导者。我们需要更多的优秀案例，全球1.3万所不遗余力推崇股东价值理论的商学院亟待改变。成功植入社会目标和可持续发展并获得盈利的商界领导者，应有机会分享他们的故事和经验。我们需要迅速升级对话，分享成功实践，推动更大的变化。"

为何领导者应聚焦人际关系、目标和价值观

20多年来，旨在激励帮助公司成为正面影响力的非营利性智库

Tomorrow's Company 始终在默默坚持推崇利益兼容法，将其视为公司持久繁荣的关键。该公司称，利益兼容法关注人际关系、目标和价值观。

1993 年，英国皇家艺术、制造业、商业促进会（Royal Society for the Encouragement of Arts, Manufactures and Commerce, RSA）发起了以公司为主导的研究，探索商业在这个日新月异的世界中应扮演怎样的角色，旨在为未来公司确定共同愿景。1995 年，该研究结果发表，介绍了利益兼容法促进商业成功的观念，称采用这种方法的公司有以下特质：

- 定义并传达目标和价值观；
- 发展独特的成功模式；
- 看重每一种人际关系的积极价值；
- 与利益相关者合作；
- 维持健康的声誉。

Tomorrow's Company 首席执行官、创始董事马克·高伊德（Mark Goyder）说：

"我们认为公司可以也应该成为积极的影响力。我们现在的工作将会帮助公司重塑经营底线，为未来成功打下基础。我们召集领导者、投资者、政策制定者和非政府组织参与到独特、深谋远虑的发展过程中来，以此制定新议程实现目标。我们已经影响了公司措施、政策和监管方式。

"最基础的问题在于，我们相信人际关系的拥有者并非组织本身——而是组织内部和组织之间的人。这意味着人与人之间的关系不仅是实现目标的工具，而且它本身就是值得奋斗的目标。利益相关者不是对象，而是主体，公司与利益相关者要相互尊重，才能释放价值、共同创造价值的主体。

"然而，公司常常侵蚀这些关系，加大风险，削弱韧性，损毁价值。良好的人际关系能创造一个人人共赢的环境。"

Tomorrow's Company 所谓的"有效人际关系",即一种能同时满足双方目标的关系。幸福感或满足感,则是有益却非必要的附带影响。

是什么在阻碍各级领导采用目标导向型途径?人们常说,最大的障碍是投资者目光短浅——那些为商业提供发展资本、期待投资能获得有益回报的人。现在,马克·高伊德正热衷于帮助资本市场意识到自己的重要角色——帮助公司迈向目标导向动机转型:

"我们资本市场的资金直接或间接地来自我们的积蓄,或源自世界各地和我们差不多的人。因此,大家希望看到资本灵活应用于解决未来的严峻问题上,这是人之常情,我们将资本市场描述成九头蛇,听起来也许像头丑陋的怪兽,但几代人都见证了资本市场成功地为经济增长和繁荣注入动力。这头怪兽并未失控,我们可以采取行动驾驭它。

"如果我们能够提供正确指导、划定合理界限、制定行为规范,如果我们坚信并非一切都需要依靠金融动机来解决——如长期激励计划,摒弃不可靠、目光短浅的评估标准,通过提高自身而非操控手段来激发动机,那我们就可以驾驭。这就是市场,它既是好仆人,也是坏主子。我们需要抛弃曾经所学的一些经济学知识。

"人们创办公司的原因多种多样——实际上,很少有人单纯以赚钱为目标。有时,人们假设股东和利益相关者身处不同位置,是不同类型的人。其实不然。你、我以及其他许多和我们一样的人,都既是股东,也是利益相关者。我们要让投资反映自己欣赏的价值,而不只是短期经济效益。资本市场的存在服务于创造财富和健康社会。让我们尽量确保每一步都在向这个目标前进。"

领导者与投资者应深入交流

投资者是如何回应的?资产管理者是否已经发现了自己的问题?

萨克尔·努赛贝（Saker Nusseibeh）是爱马仕投资管理公司（Hermes Investment Management）的首席执行官，代表全球机构或批发投资者管理近 300 亿英镑的各类专业股票、固定收入、地产和其他资产。萨克尔祖籍巴勒斯坦，在伦敦大学获得中世纪史博士学位，他竭力提倡"改正我所在产业的败笔，自 1987 年从墨丘利资产管理公司（Mercury Assert Management）管培毕业后我就一直在努力"。

萨克尔·努赛贝是"300 俱乐部"的创始人，俱乐部成员皆为资深从业者，如曾任施罗德（Schroeder）首席投资官的艾伦·布朗（Alan Brown）、爱达荷州公共雇员退休系统（Public Employee Retirement System of Idaho）首席投资官鲍勃·梅纳德（Bob Maynard）。成立该俱乐部旨在反思他们所在的行业，萨克尔·努赛贝希望将基金管理变成更值得尊重的活动，也让这个行业受到他人尊重——即商业行为遵循能够赢取尊重的道德规范。

该俱乐部以温泉关战役中对抗波斯人入侵的 300 名斯巴达战士命名，发起挑战资产管理行业理念的运动。萨克尔·努赛贝不仅在爱马仕投资管理公司担任重要领导地位，在全球重要金融产业中心伦敦市也担任重要领导职位。

我在萨克尔·努赛贝伦敦的办公室采访他，很快就发现他拥有强烈的目标感，这种目标感源于他与资产管理对象的深切认同。他富于同理心和责任感，他明白委托人的资金来之不易，明白爱马仕投资管理公司和其他资产管理人应该为他们做什么。

利润动机催生恶劣行为

萨克尔·努赛贝说，养老金过度沉溺于短期经济回报和失控的福利文化，破坏了社会的关联感："我们的产业趋于单纯追求回报和绝对数字，这会引发不合适的行为。"

他称金融市场运营亟待改变，政府应修改游戏规则，让玩忽职守的管理者面临牢狱之灾：

二　目标运动

"我们有权力,却没有责任感。法律法规中有些内容阻止投资银行家在产业中成为无限责任合伙人,我最想做的事就是废除这类内容。这样就能极大降低系统中的风险。在我们创造的金融体系中,风险投资的冒险者拥有无尽的个人优势,犯错时却无须承担多少责任,这真的很荒谬。"

萨克尔·努赛贝认为,缺乏问责制,还意味着决策者用着别人的钱,却无法与他人产生共鸣,没有意识到享受财富的同时应提供服务:

"我年轻气盛的时候,给退休老人演讲,说我们的基金只下滑了6%,相比市场上平均下降12%要好得多。我看着他们,心想:我在这里告诉他们我做得很好是因为我让他们遭受损失了,我也看到,他们穿的衣服和我自己的很不一样。

"一时间,我顿悟了。业内人士应该更具有同理心,更需要理解其他人群生活的不易。如果资产管理者犯错,他们自己会备受打击,那是因为额外福利少了,可对另一些人来说,影响的却是日常收入,影响的是他们的生活来源。"

萨克尔·努赛贝认为公司的旧有定义——股东利益最大化——并不奏效:"它显然失败了,这一点有目共睹。我相信公司应该有目标,这个目标就是服务社会。"

公司需要服务于社会的全体利益相关者,但最主要的是服务于三类人——股东、员工、客户:

"可持续发展的公司是循环发展的公司,不会破产,就那么简单。这样的公司可以长期雇佣员工、长期为客户服务,因为客户再次光临还吃得消。政府会从中受益,因为他们从中获得了所需的税收,公司所在社区也能受益。如此说来,若是公司和利益相关者都有所收获,股东就会得到回报。这才是正确的思维模式。"

为所有人创造价值

只有想到为上述全体利益相关者创造价值，才能让公司长期繁荣。萨克尔·努赛贝说：

"问题是公司领导者和资金管理人之间缺乏实质性的沟通。公司领导者说，他们自己想谈谈长期发展，但资金管理人只想聊短期收益和下一季度收入。我采访资金管理人，他们却说自己是想聊聊长期发展，但公司领导者只想谈下一季度的收入。公司领导者需要鼓足勇气，提出长期发展问题，更好地规划未来的5年或10年。如果你将目标定为服务客户，就需要理解怎样做才能实现这个目标，需要看清10年内可以做到哪一步。没有长期愿景，难成大事。

"在我看来，资产管理的目标，即在国家储蓄与未来经济增长之间架起桥梁，就那么简单。储蓄者信任我们，把钱委托给我们，我们就要为他们提供良好的退休环境，让他们享受劳动成果。这个目标与追求回报和超越基准水平很不一样。

"我希望自己的公司可以在美好的世界中盈利。针对投资者，我也持同样的标准：让他们的投资获得可观的回报，让他们在越来越好的世界中投资。"

因此，爱马仕投资管理公司公司加入了"公司改善蓝图"（Blueprint For Better Business）运动。萨克尔·努赛贝是否认为这种变化会很快发生？不。他认为"300俱乐部"刚开始移动那些会让岩石滚下来造成大雪崩的小石子，但还需要时间："我相信，我们正处在风口浪尖，现在所发生的事情会引领未来的社会巨变。时机正好，需求存在。找准你公司的社会目标，坚持这个目标，并时刻挂在嘴边。"

二 目标运动

资金管理人必须鼓励更优秀的公司文化

这么想的不只是萨克尔·努赛贝一个人。有一些具备影响力的资金管理人已开始探讨目标导向型公司的必然性，虽然有这种想法的人还不多。其中一位是牛顿投资管理公司（Newton Investment Management）首席执行官、投资协会（The Investment Association）主席海伦娜·莫里西（Helena Morrissey）。牛顿投资管理公司位于伦敦，是纽约梅隆银行（BNY Mellon）全球投资管理的分支机构，管理资产近500亿英镑，客户包括机构投资者、慈善机构、公司和个人，其政策是以长远发展为导向。

海伦娜·莫里西说道：

"我不相信公司必须在投资者获利和行为得体之间做两难抉择——这两个目标完全可以兼容。

"让股东回报最大化常常被用作不守规矩的借口，终将导致财政危机。这样的关注点的确会导致不负责的行为和腐败文化。但许多长期投资者都坚信，管理负责的公司才能获取可持续的竞争优势。反过来，那些管理更胜一筹的公司在未来几年或几十年内（而不是用几个月、几周、几天或几小时来衡量）都能够获得更丰厚的回报——这才是我们理想的投资对象。现在，英国资金管理业大部分从业人员都认为，强大积极的企业文化和企业行为，与为客户赢取长远回报息息相关。

"但很明显，许多人依然认为公司应单纯以服务股东为目标。我们还没亮明观点，我相信更多资金管理人应该站出来表态。我们需要让股东聆听我们的声音，因为他们可以推动真正的突破，也必须推动真正的突破，从而加快步伐打造更好的企业文化。"

尤恩·门罗（Euan Munro）任 Aviva 投资集团（Aviva Investors）首席执行官，该集团为全球资产管理机构，目前代理客户投资高达2670亿英镑，以地产、固定收入、股票和多元资产为主。他认为资产管理产业有责任让投资公众避开目光短浅带来的恶果："我们生活在大数据时代，市场靠数据维生。我们的胃口显然很难满足，这意味着我们会用折磨人的月度报告来限制上市公司。资产管理人也负有一部分责任，因为短期绩效衡量标准会让我们分心，我们没有追求可持续的长期回报。"

尤恩·门罗呼吁，没必要让公司频繁地做报告，而应在报告中包含更多内容，如公司的聘雇实习状况、声誉以及更多非财政类信息的公开，如环境、社会和企业管理问题。"股份带来投票权，投票权带来权力，我们可以使用这种权力扮演另一种有影响力的角色。我们可以更好地使用投票权，可以在自己投资的公司引导更好的长期行为。"他说道。

尤恩·门罗补充道，可悲的是，投资者就此类问题与公司进行的沟通越来越少，因为他们往往是用钱包投票，用出售股份表达观点，而不是通过对话交流："我们相信，资产代理也带来了参与对话的责任。在公司中，我们向投资者强调需考虑更广的环境、社会和管理问题，因为这些层面可能会给长期投资者造成巨额损失。"

连接短期利益和长远发展的金色纽带

许多资金管理人现在开始倡导以目标和价值观为导向的公司，虽然采取这种做法的仍为少数，但是他们坚信，这种经营方式可以为公司带来更快、更持久的发展。如果公司拥有强烈的目标感，绩效是否也胜人一筹？英国特许员工发展学会（Chartered Institute of Personnel Development，CIPD）在 2010 年开展的一项研究中就提出了这个问题。

之所以开展此次研究，是因为大部分组织的目标主要还是"利润导向型"。虽然这是常见目标，但英国特许员工发展研究会发现，为投资者和雇主创造利润，并不能让员工充满干劲——实际上，以利润为导向的目标容易导致员工缺乏与日常运作的协调感。

英国特许员工发展学会研究表明，从软硬两方面指标来看，如果组织拥有强烈的共同目标感以及超越追求利润的目标，绩效就会超过那些缺乏目标感的组织。研究显示，在公众领域及非营利性的健康和教育机构中，共同目标感越强烈，就越能提供及时服务、节约成本。

英国特许员工发展学会首席执行官彼得·奇斯（Peter Cheese）热衷于为公司找寻人才价值衡量新标准以及向股东汇报的新方式。他称，英国特许员工发展学会研究显示，员工乃至外部利益相关者拥有强烈的组织目标感，对敬业度、满意度和可持续公司绩效都会产生影响。他感到"共同目标是维系组织战略的'金色纽带'"。

英国特许员工发展学会报告对2000名英国雇员进行了调查，旨在理解他们对共同目标的看法及其对员工的影响。"我们的研究表明，除提高绩效外，强烈的共同目标感还能提高员工敬业度，不过只有当整个组织都贯彻落实该目标时才能实现。"彼得解释道。

目标、价值观和大目标需保持一致方向

英国特许员工发展学会称，组织目标、价值观和大目标的方向必须一致，这比设定目标更为重要——因为实际发挥作用的是员工目标与组织价值观的统一性及员工对其兼容关系的认识。

询问研究对象工作敬业度情况时，该研究将员工敬业度定义为：对组织及其价值观的热衷程度以及协助同事的意愿。这个概念超越了工作满意度，也超越了简单的动机问题。

英国特许员工发展学会首席执行官彼得·奇斯评价道："69%的研究对象称自己工作敬业，13%的研究对象称自己不敬业。如果调查对象在拥有共同目标的组织中工作（在同类中占84%），似乎比在那些没有共同目标的组织（在同类中占32%）中工作要敬业得多。"

如果一个组织的目标、价值观和大目标方向一致，敬业度和满意度就能有所提高。实现这一点不仅需要员工理解组织目标和价值观，还需要让员工意识到自己怎样融入其中：

领导力法则：如何用目标打造充满活力的团队

"最重要的是理解。只有理解目标是什么，员工才会真正地认同组织目标。同样地，如果员工目标与组织价值观具有一致性，就会产生更强烈的目标感。

"问题在于，我们调查的大部分员工表示，没多久后（在有的公司中真的没多久）共同目标就无人提及了。可以看出，沟通和领导能力在增强组织的共同目标感中应扮演重要角色。"

由此可见，打造目标导向型公司是一场蓬勃发展的运动，但它目前影响到的人数是否足以所向披靡、造福全世界人民呢？还没有。虽说大部分杰出商界领袖相信它的重要性，未来领导者对此更是怀有坚定信念，但若想让它发挥作用，还需组织中的各级管理者和领导者共同努力。对，说的就是你！

我们需要清晰陈述有力的目标，将其植入团队或组织，然后与利益相关者进行有效的沟通，包括与股东、投资人进行交流。

这么做你会受益无穷：员工更敬业，生产力更高，增长更快更稳，顾客、投资者、监管者和社区更加支持——好处数不胜数。关键在于，我们生活的世界联系日益密切，更加透明，更加复杂，以目标为导向不再是锦上添花，而是必不可少的。

下一章预告：有证据表明，目标明确的员工表现更好。

第二章提要

1. 管理不力导致生产力低下，每年让公司蒙受数千亿美元的损失。员工不够敬业有损生产力，增强目标感可提高敬业度，改善员工表现。

2. 员工需要理解领导想做什么、为什么想做，以及这种做法会为组织本身乃至更广泛的利益相关者带来什么。目标有助于组织本身的转型，通过意义而非恐惧来激励员工，帮助人们理解为何需要改变。

3. 董事会必须对组织的长期目标进行重新定义，超越单纯的盈利或达标——对顾客、供应商、员工、社区、环境以及投资者做出可衡量的承诺。我们未来的繁荣和全球竞争力有赖于管理者为全体利益相关者创造价值。

4. 在一次全球调查中，80%的调查对象认为公司可兼顾提高利润和改善所在社区的经济社会状况。超越盈利的目标能够改善公司在利益相关者眼中的形象，从而提高绩效。

5. 高绩效组织不仅关注长远目标和社会目标，还拥有推动文化发展的强大价值观。

6. 方向一致很关键——大部分公司的管理者不擅长让全体员工认同统一的目标、价值观和大目标。

7. 要想实现高效，公司需从目标出发进行汇报，包括社会、环境、经济影响以及财务绩效。但可悲的是，大部分公司仍基于"利润导向"目标，这种目标难以让员工热情投入。

8. 如今越来越多商界领导者、投资者和机构认为，传统的公司目标的定义不再奏效，即股东利益最大化不再奏效。无论参照软性标准还是硬性标准衡量，拥有共同社会目标的组织绩效都优于没有共同社会目标的组织。

三
目标和员工敬业度

增强员工的目标感是每位领导者的责任

如果领导能够增强团队的目标感、体现更多尊重并打造积极的文化，就能提高敬业度。学做一名擅长鼓舞士气的管理者是提高生产力的捷径。敬业度能够提高绩效和加速增长，为国家创造更多价值。还有其他好处——这是一种双赢——由于员工更长寿、更健康、更快乐，他们在生活意义和目标方面就会感到满足。

增强团队中每位成员以及组织的目标感是领导者的职责。

在关于目标导向型领导的讨论中，目标概念的关键，即解释组织为何要存在。这有什么作用呢？在第二章中我们看到，关于为公司设定超盈利目标的讨论和运动日益增多，公司应为更广泛的利益相关者创造价值。

对我来说，目标甚至应比这一概念更广。目标不只是关乎我们存在的意义，还关乎解决问题和决心、动力和抱负、投入和风险。

当然，目标关乎意图——你想努力实现什么？本书在开篇列出了目标在字典中的定义。说赋予员工目标，我指的就是这个概念——我们存在的理由，我们需要实现的计划和目标，在什么样的文化环境中实现，以及将不可能变成可能的决心、活力、投入程度和动力。

这就是敬业员工应有的特质——比起那些没有目标感的人，有目标感的员工可以成就更多，证据数不胜数。带着目标工作，成效大不相同。

三 目标和员工敬业度

据麦肯锡公司旗下商业经济研究机构麦肯锡全球研究所（McKinsey Global Institute）称，全球目前约有 29 亿在职员工，预计到 2030 年该人数会达到 35 亿。在英国，约有 3000 万人。

但可悲的是，在职并不意味着在状态。有证据显示，工作不认真的人多得可怕。全球风险和人力资源解决方案供应商怡安集团（Aon，在超过 120 个国家运营）对全球员工敬业度趋势的最新调查显示，29 亿人中仅 62% 的人"投入"工作了。

他们所谓的"投入"者是那些拥有目标的员工，他们有意愿、有能力每天全力以赴地工作，为自己的工作注入活力和创意，积极投入热情，帮助雇主走向成功。

真是如此吗？超过三分之一的员工都不够投入？我们来算一下，嗯，这意味着超过 11 亿的员工去上班，但尽量少做一点事，然后收拾收拾再下班回家？他们当真只是敷衍了事，却没有真正施展创造力、智慧，没有真正努力工作？

懒散的代价

这会给世界经济造成多大的损失呢？英国损失了多少？你的公司损失了多少？你领导的分支机构或团队呢？你的目标是争取更多客户、创造更多利润、保持客户满意度、节约成本、提高利润，不敬业的员工会对你努力实现目标造成怎样的恶劣影响呢？

据怡安集团称，全球敬业度水平不一。他们称，在 2014 年的调查中，敬业度最高的是拉美，71% 的员工比较投入。（提示一下，日益强大的经济体巴西和墨西哥均位于拉美。）令人震惊的是，敬业度最低的是欧洲，平均值仅为 57%。

英国投票脱欧，经济不确定性随之而来，解决生产力问题越发重要。和其他国家一样，英国员工敬业度余额不足。多项调查表明，三分之一的英国员工称自己积极投入工作，三分之一的员工称自己非常不投入。在国内生产总值排在世界前12位的经济体中，英国员工敬业度排在第9位。这说得通。从英国特许管理学会的《管理2020报告》(Management 2020 Report)中可看出，英国也面临着生产力的挑战。英国每小时产出率据说低于G7工业化国家平均水平15%。

全球蒙受巨额损失

英国特许管理学会和改善管理委员会称，据保守估计，低敬业度的员工让英国每年损失200亿英镑。那么，全球每年损失多少钱呢？

致力于提高英国员工敬业度的自发性非营利运动"为成功而投入"称，员工敬业度低与英国生产力低下有明显关联。"无论任何行业，员工敬业度与组织生产力和绩效之间都具有高度相关性。"该组织称。

我们在第一章中读到，"为成功而投入"运动是戴维·麦克里奥德和尼塔·克拉克发起的。戴维任卡斯商学院（Cass Business School）客座教授、阿什里奇商学院（Ashridge Business School）教员。他是政府研究院（Institute for Government）副研究员，也是营销研究学会（Institute of Marketing）研究员。尼塔·克拉克现任参与度协会（Involvement and Participation Association，IPA）负责人，曾为《麦克里奥德评论》(MacLeod Review)员工敬业度板块负责人、《"为成功而投入"报告》[又称《麦克里奥德报告》(MacLeod Report)]合著者，并与戴维·麦克里奥德以及商务、创新和技能部（Department for Business, Innovation and Skills）继续合作，努力将报告结果投入实践。

他们称："我们生产力低下显然与员工不敬业有明显关系。分析指出英国若能将敬业度提至荷兰的水平，那国内生产总值每年能提高260亿英镑。"

这代表的是生产力仅提高10%。生产力仅提高10%对你的公司意味着什么？假如你领导的是某个部门或小组，这个数字对你们的年度目标有何影响呢？因此，热情高涨的支持者正在将这个问题从身负重压的人力资源专业人士那里推到公司董事会。为什么？答案显而易见。

"从增长和组织绩效来看,这个问题涉及收益。"温迪·利德姆(Wendy Leedham)说道,不久前她还在担任"为成功而投入"运动负责人〔温迪·利德姆是从劳埃德银行集团(Lloyds Banking Group)被借调的〕。她说:"那可以转换成我们国家的国内生产总值,还有其他好处——这是双赢的——由于员工能更长寿、更健康、更快乐,他们在生活意义和目标方面会产生满足感。"

温迪·利德姆补充说,"为成功而投入"运动的指导文件为一份名为"证据"的论文,是与巴斯大学(University of Bath)合作发表的,为政府"麦克里奥德评论"员工敬业度板块的后续研究。它提供了充足的证据,连董事会或领导班子中最怀疑的成员都不得不心服口服:"你可以把它砸在任何一张董事会的桌上说:'读一下,你能说这事不要紧、不用放在第一位吗?'"

懒散员工导致大灾难

在一些全球大公司的公关领域工作30多年,我见过不少懒散员工的劣质劳动成果。有时会造成大灾难,如核事故、空难、铁路事故。令人沮丧的是,这些常常源自散漫员工的粗心大意。

此外,更难预见的是浑浑噩噩、敷衍了事的员工。这些人浪费时间、不努力工作,让公司产生隐性开支,让公司疏远客户,让公民对公司的承诺失望——无论是健康护理领域还是公共服务领域。看到下属总是不守规矩,没什么比这更令人恼火了。

无论如何,这些散漫的员工总为自己的行为(或不作为)找借口,不愿协助同事工作,缺乏热情和主动性,时常走神,还不乐意学习发展。

更糟糕的是那些有毒员工。他们不停地说闲话,让公司内部成员钩心斗角,不停抱怨,常常说谎影响公司士气。他们没有责任心,令人沮丧,缺乏承担责任的意识。

真正敬业的员工会展现出活力、奉献和专注力,愿意付出额外努力(即自发努力)。他们也会意识到自己所在的商业语境——能够认识到自己手中的任务和雇主目标的一致性。

敬业度助力领导

作为组织某层级的领导，你会关注哪些绩效的关键指标？

你需要为收入增长及随之而来的生产力和盈利能力操心，要为增收赖以生存的顾客满意度和顾客获取操心，希望员工始终保持创新精神、改进工作方法来创造更多价值，要为缺勤率和员工健康操心，因为员工病假时间太长会打乱你们的计划。当然，出于各种法律和道德原因，你还得关注健康、安全问题。你还需担心人才留用问题，员工流动性太强不仅严重扰乱计划，还会增加成本。

提高员工敬业度如何为实现各种绩效目标带来帮助呢？证据令人吃惊。

如今，有超过70%的商业领袖认为敬业度对公司至关重要，将其列为组织成功的关键要素。

下列是"为成功而投入"报告公布的一些数据：

1. 收入增长。
   ——员工敬业度得分名列前茅的公司收入超过排名较低的公司2.5倍。
   ——员工敬业度为65%或以上的上市公司，总体股市指数和股东后期总回报高出平均值22%。
   ——2010年，员工敬业度为45%或更低的公司，股东总体回报低于平均值28%。
   ——员工敬业度较高且较稳定的公司，年平均营业毛利润高出员工敬业度较低公司近3倍。
   ——在研究期间，员工敬业度较高的组织净收入增长了13.7%，员工敬业度较低的公司则下降了3.8%。

2. 生产力和绩效。
   ——85%口碑名列前茅的公司认为，努力让员工热情工作减少了员工绩效问题。

三　目标和员工敬业度

——2012年，来自24000个公司部门的盖洛普数据显示，这些部门中敬业度得分较高者生产力高出较低者18%。

——将员工调查数据和绩效评定相结合的研究表明，敬业度较高的员工超出绩效期望值的可能性高出10%。

3. 顾客/客户满意度。

——70%敬业度更高的公司对客户需求有较好把握，敬业度较低的仅占17%。

——对几家公司的研究表明，敬业度和净推荐值有直接关系，而净推荐值则为衡量客户忠诚度的一项标准。由敬业度提高的员工负责的客户，净推荐值高出敬业度减退员工24%。

——一项针对英国和爱尔兰4家银行的统计分析显示，由于敬业度提高（提高了一个标准差）客户满意度大幅提升，销量因此获得大幅增长，如超过分支目标销售额6%。

——员工自身也有类似看法，英国公共领域78%的敬业度较高的员工称自己可以影响客户服务，而低敬业度员工中仅29%有同感。

4. 创新。

——从事全球防御、航空、安全解决方案的英国航空航天公司（BAE）激励车间工作热情，提高团队敬业度，战斗机制造时间缩短了25%。

——2013年盖洛普数据发现，59%的敬业员工称工作激发了他们最具创意的想法，散漫员工仅3%有同样感受。

5. 员工缺勤率和健康。

——据英国工业联合会称，每年病假让英国经济蒙受损失超过170亿英镑。他们发现，敬业员工每年请假天数平均为2.69天，而不敬业员工为6.19天。

——敬业度较高的公司员工更少感受到工作压力，占28%，而敬业度较低的公司这一数值为39%。

6. 人才留用。

——替换离职员工的开销，为离职员工薪水的150%。企业领导力委员会（Corporate Leadership Council，CLC）报告称，敬业度较高的组织有能力将员工流动率降低87%——敬业度较低的公司员工离职率高出4倍。

——敬业度较高的公司员工流动率低于敬业度较低的公司40%——以此推算，一个拥有2万名员工的组织，若能将敬业度较低的环境转换成敬业度较高的环境，每年可在员工流动率上省下1600万英镑。

7. 健康和安全。

——相比较敬业度较高的组织，敬业度排名靠后的组织事故率高63%。

——英国国民保健（National Health Service，NHS）医院证明，员工敬业度较高的组织死亡率更低——相比敬业度处于中等水平的组织，敬业度较高的组织病人死亡率低2.5%。

员工高度敬业的特质

敬业员工的整体身心状态更健康，这使他们更容易享受工作，能够更轻松地妥善处理工作问题，因工作问题失眠的可能性更小。专心工作者会带着积极情绪——热情、快乐、乐观、满足感和冷静——工作。不敬业员工感到悲伤、担心、沮丧、阴暗、紧张或不安的可能性比敬业员工高出3倍。

敬业员工关心公司未来，乐于投入自发努力。这说明更敬业的员工会心甘情愿地超越工作基本要求，做本分之外对公司有利的事情。他们对手头工作、团队、组织以及自身角色在战略中的作用有更为深入的了解。他们决不会告诉你某件事在"我的工作职责之外"、我做不到。他们不会为了认可或奖励做某事，只是单纯地做正确的事，坚信日后会有所回报，但若是没有受到奖励，也不会过分在意。

敬业员工在必要时会说出自己的看法，愿意质疑无效工作程序。他们为满足顾客需求而努力，永不满足——他们有提高自身的动力，因此能意识到问题所在，也会不遗余力地去主动解决问题。他们往往还会对抗组织中有负面影响的人，鼓励那些干劲不足的人。最重要的是，他们愿意为自己的行为和业绩负责。

热爱工作，不代表可以不停工作

员工敬业，是否等同于他们必然会做出更多贡献？不一定。这要看他们是否有活力。

2015 年，英国战略研究机构 Opinium 调查了超过 2000 名员工的工作感受。令人担忧的是，超过三分之一的调查对象称，工作让自己疲于奔命，无法享受工作之外的乐趣。他们说自己常常要在规定的工作时间之外继续加班加点，以牺牲宝贵的工作与生活平衡为代价。尽管他们感到报酬与自身付出成正比，或认为薪水正在向理想状态迈进，但很多人都不想再疲惫地回到家中。

疲倦可能会阻碍员工发展，最敬业的员工也难以幸免。只有管理者贴心关怀，才能确保员工不至于耗尽能量。可持续的敬业度对成功而言至关重要。

2012 年，咨询公司韬睿惠悦（Towers Watson）对 3.2 万名员工开展了一项全球人力资源研究，他们发现传统定义下的敬业度已无法继续为最高水平绩效注入动力。"结果发现，意愿并不代表能力。"他们如此说道。

该公司竭力探索疲惫对运作绩效的影响，发现传统敬业度指标得分较高的公司营业毛利率为 14%。相比而言，员工"可持续敬业度"得分较高的公司营业毛利率为 27%。

员工可持续敬业的公司提倡适当休息，为员工提供专注于紧急任务的工作环境，提供弹性工作条件，让他们自行决定何时以怎样的方式完成工作，员工可以感受到自身价值，感到自己的贡献得到他人认可，感到自己的工作与更高的目标紧密相连。

领导需要什么：目标、愿景、价值观、挑战性目标

英国政府的《麦克里奥德报告》中确定了四个提高敬业度的促成因子：

- 第一，需要拥有清晰有力的领导者，为员工解释组织的目标及其源头和发展方向。
- 第二，需要有鼓舞士气的管理者，专注于员工，为下属呈现宏观图景，关心每位成员，给予他们指导，促进他们发展。
- 第三，让员工在整个组织中都有发表意见的机会，允许并鼓励员工贡献想法或挑战性观点，将员工视为解决问题的主心骨。
- 第四，实现组织言行一致是基础。海报上印的价值观，必须体现在日常行为中——并贯穿组织各级。

"为成功而投入"是英国组织提出的，因此反映的是英国员工的情况。那世界各地的敬业度驱动力是否相似呢？

肯耐珂萨（Kenexa）为美国IBM公司的一部分，是一家全球就业和人才留用解决方案公司。他们的全球调查发现，能够驱动较高敬业度的通常有四个因素，分别为：

- 领导鼓舞员工相信未来；
- 管理者认可员工、激励团队向高绩效进军；
- 工作激动人心，有机会提高技能；
- 领导者对雇员和所在社区怀有发自肺腑的责任感。

德勤（Deloitte）咨询会计事务所对全球29个国家的7800名"千禧一代"进行了调查。

三　目标和员工敬业度

大部分调查对象称，优秀领导者有强烈的目标感，这体现在对员工的负责态度以及对当地社区做贡献的意愿上。说到个体领导者，"千禧一代"很看重战略思考、鼓舞员工、人际沟通技巧、视野和热情这些特质。但可悲的是，他们同样认为现任领导者大多更关注利润和员工奖励，并不关心员工，认为这些领导者未能落实提出的目标。

上述一切证据都强烈地表明，敬业度和驱动敬业度的因素现已毫无争议。重中之重是领导者赋予员工目标感的能力影响员工绩效。这一切都从尊重开始。

由乔治城大学（Georgetown University）麦克多诺商学院（McDonough School of Business）副教授克里斯汀·波拉特（Christine Porath）主持、与《哈佛商业评论》（*Harvard Business Review*）合作的一项研究调查了全球 2 万名员工，发现礼貌和尊重能够增强领导者的影响力和绩效，因为这可以有力地增强责任心和敬业度。

尊重的力量：领导者最重要的素质

"从我们测量的各种结果来看，这是对员工影响最大的领导行为了。"克里斯汀·波拉特说道。

"对员工来说，他们首先希望得到尊重，其次才是认可和赞赏、沟通鼓舞人心的规划、提供有帮助的意见反馈——若能提供学习发展机会就是锦上添花。

"据调查，那些受领导者尊重的员工身心健康比没受到领导者尊重的员工水平要高 56%，信任和安全感高 1.72 倍，对工作的享受程度和满意度高 89%，专注度和优化能力高 92%，感到工作的意义和重要性高 1.26 倍。此外，感到受尊重的员工比没有受到领导者尊重的员工留在组织的可能性高出 1.10 倍。

"尊重能够对敬业度产生明显影响。领导者越尊重员工，员工敬业度越高。称领导者尊重自己的员工，敬业度高出55%。"

根据邓肯·班克斯博士在第一章所说，这完全取决于领导者能否让员工感受到自我价值。

许多研究发现，员工所追求的和管理者认为员工所追求的并不一致。我们明白，员工希望感受到自我价值，做有意义的工作，感到被赏识，充分展示才华，希望感到自己身处一个为了共同事业而奋斗的团队中工作。然而，大部分管理者认为员工最渴望高薪、稳定和提拔机会。每每看到管理者看待员工时忽视这些软因素，我都不禁会大吃一惊。这些管理者认为，责任感和活力只能依靠冷冰冰的金钱和升职承诺来激发。

我很好奇，为什么有些放眼宏伟蓝图的聪明领导者还是会一败涂地（我目睹了许多案例）。2010年，我开始了探索发现之旅。我尽可能多地采访领导者，询问他们眼中鼓舞员工的要素。我联系到各类公司、公共机构和慈善机构的70多名首席执行官和负责人，调查结果汇聚成了我的第一本书《领导者语言》，由Kogan Page出版社于2011年出版。

从此之后，我便开始孜孜不倦地致力于探索敬业、鼓舞人心的领导者是如何练就的。随后，我的第二本书《用沟通鼓舞人心：领导指南》于2014年问世，由Kogan Page出版社出版。如今，两本书都已被译成多种语言的版本。

无论领导大型组织还是小团队，我都会聚焦于如何才能让他人尽力而为。在5年的研究中，我采访了超过120位首席执行官，对3000名管理人员和6000名员工进行了访谈，几乎读遍了每一本讲领导力与沟通的书。

我坚信，成功的领导自有一套沟通体系，让员工保持热情投入的状态。只需遵循12条原则，领导者就能极大地改善敬业度和团队责任心，并展现出对员工的尊重。感受到来自领导的尊重，正是让员工敬业的前提。

那么，领导者沟通的体系到底是什么呢？

我采访的领导者称，领导力沟通旨在影响、激励员工，以求更佳成效。

在这种情况下，他们会谈论以下方面：

- 信任为何是领导力的基础，为何需要用真实换取信任，为何需要带着更多热情沟通。
- 如何通过不断沟通价值观框架来推动行为和决策，在组织各级塑造领导者，此处塑造"领导者"是指让组织各层级工作者都可自主采取行动，无须等待各级指示就能自主决策。
- 为何要用文字表述未来图景，用于助力沟通、指导员工。
- 如何将外界对组织的看法，尤其是客户意见引入组织内部，以求推动进步，将建立多方信任视为战略目标。
- 如何将员工敬业度视为另一个战略目标，如何系统地通过有力谈话激励员工投入。

他们称，如果你想成为更有效的沟通者，就必须：

- 在传达自己的信息之前，先讨论听众的关注点，以便更好地与员工交流。
- 学会更好地倾听，掌握最难的沟通技巧——提出恰当的问题。
- 在关键问题上持有强大观点，为支持目标和价值观提供强大支撑。
- 更多地用故事俘获心灵，让听者记忆深刻，激励正确的行为。
- 注意肢体语言以及自身各种行为无意间可能传递的信号。
- 在不同人群或公共平台露面之前，做好充分准备。
- 保持谦逊，不时反思、磨炼自己的沟通技巧，提高沟通效率。

12条鼓舞士气的领导力沟通原则

下列12条原则在我之前写的两本关于领导力的书籍中有更为详细的阐述，在此仅做概括。

1. **以更真实的自我示人。**

   真实性对领导者来说至关重要。如果下属不信任领导者，不为领导者的人格魅力所征服，就难以用心工作。因此，哪怕你很内向，都要学会更加热情洋溢地说活，谈论自己的价值观，更频繁地声明自己的信念和价值观。必须让下属感受到你的热情，必须让他们相信，你对自己所言之物深信不疑。如果你很清楚自己在意的事情，就会不由自主、热情洋溢地谈论。大部分领导者都没有花时间说清自己的信念。然而，坚持并毫不犹豫地依靠、展示自己的热情和责任心，不只是一种演讲技能，用它沟通比用任何精巧的语言都更为有效。要忠于自我，也要学会更好地"表现"自己。

2. **设定有力的目标和强大的价值观。**

   正如在第二章中所提及的，领导者往往会用经济或量化标准来激励员工，他们觉得理智客观来得更安心，而下属却说，自己一大早起来上班，并不是想去完成经济或其他数字指标。他们来工作，是希望从自己的工作中得到启示，做出一番事业。强烈的目标感有助于统一组织上上下下的决定，若能与一系列员工认可的价值观配合使用，就更有力了。在越来越透明的世界中，出于种种原因，价值观更加重要。价值观决定了人们在组织中追求目标时如何行事，而公司在世人心目中的形象则有赖于他们的行动。领导者认为这些无形的价值观——往往会被忽视——是"虚的"，实际上，它们可以转化成实实在在的行动，从而转化成年度报告中的硬性数字，如何陈述目标和价值观至关重要。

3. **构建为全体利益相关者创造价值的乐观未来。**

   我采访的每一位领导者都用未来驱动现实。他们很明确在特定的时间框架里要走到哪一步，尽管他们可能还不太确定每一步具体该怎样走。他们对现状永不满足，这种不安分是无形驱动力。他们思考的每一个问题，都和员工向目标迈进的进度有关，并会不时回顾既

三　目标和员工敬业度

定目标。他们绘制了清晰的成功之路，既从理性层面（数字）描述未来，也从感性层面（各方利益相关者会有何感受）描述未来。他们鼓舞人心的关键，即结合了理性和感性因素。将未来图景（成功看起来、体会起来是什么样的）注入目标（我们要做的大事是什么）和价值观（我们怎样实现），就能让人心潮澎湃。不过，这种未来需要用全体利益相关者的益处来表述。这些利益相关者包括顾客、股东、当地社区、供应商、合作伙伴以及员工，员工对组织来说是最重要的。

4. 将外部引入内部，赋予员工造福他人的强烈目标。

领导者需要走出自己的组织，不时将外部关系的成功和失败案例带入组织内部，让每个人都专注于需要改善的地方。成功的领导者明白这些关系是成功的引擎，他们会关注所有重要的人际关系状态，让自己的企业也关注这些关系。你需要竖起"灵敏的天线"，一位领导者是如此描述的——打开与外界保持联系的雷达系统。我常常听到"声誉鸿沟"的案例——公司所做的承诺与顾客或利益相关者经历的实际体验存在差别。若想赢取信任，则必须减小乃至消除这道隔阂。而你们的确需要赢取信任，信任是资产负债表上最宝贵却最为隐蔽的资产。更多领导者开始希望将赢取信任作为战略目标，像对待其他关键资产那样实行测量监管。研究表明，看见自己所做的事情能够造福于顾客，员工就会备受鼓舞，这比管理者采取任何措施都更有效。

5. 有力的谈话能让员工更加投入。

如今，越来越多的领导者开始测量员工敬业度，以此为寻找激发员工动力和事业责任心的战略工具。正如我们所见，一项又一项研究表明，敬业度较高的公司从一定程度上胜出竞争者一筹。敬业度是通过谈话实现的，即让员工透彻理解大目标、与领导通力合作实现目标的谈话，组织有序、有说服力的谈话。能够点燃行动计划的，正是这种谈话。领导者往往会忽视这些谈话，中层管理者缺乏进行此类重大谈话的能力，他们既没有受过训练，也没有得到过评估，且没有人告诉他们，该如何将具体工作与组织的大目标联系起来，让每位成员都认识到自己的工作与大目标息息相关。更糟的是，高管不在乎此类谈话的质量，也不会系统地对这种谈话的反馈进行收集。这种谈话越是频繁，员工越敬业，士气越高涨。

6. 以听众为中心，从谈论他们本人开始。

先明确一下：如果员工没把你的话放在心上，不理解其中的含义，不会因你的话语受到激励改变思考或行为方式，那就说明你的沟通收效甚微。也许你的确对他们说话了，但是，仅当话语产生影响时，沟通才算实现。沟通旨在改变行为。员工倾听你说话时，会自动过滤信息——至于如何过滤，会受到文化或情绪影响，或因听话人本身的独特想法过滤，甚至可能会引发误解。你需要和听众谈论他们的关切、他们的问题，然后他们才愿意去理解你。我采访的每一位领导者都无一例外地表示，在沟通中有必要注意听众的感受，要明白，论及沟通，全部是关于他们的。你需要让他们改变想法、感受和行为，但此刻需要先去理解他们的想法、感受和行动。

7. 做一名出色的倾听者。

我采访的领导者往往都认为倾听与沟通有所不同。他们将倾听视为领导力的基础，可能也最难完善。有时，简单的倾听行为本身就带有鼓舞人心的力量："你需要让人们感觉你在侧耳倾听。"不过，其中发挥作用的是一种更为重要的东西，我称之为"倾听协议"——如果你希望别人听你说，你就需要先倾听。你若能侧耳倾听，并报以消除障碍或采纳好主意的回应，就会让人产生极大的好感，让对方感到你和他们站在一边，尤其是在鼓励别人敞开心扉时。如此一来，就能创造一个合适的环境，让人们毫无恐惧、毫无戒备地说出坏消息，表达不满，提出关切。倾听能够表现关心，让员工感受到自己的价值。你需要听出话外之音，听出动机和计划，听出语境，听出关键绩效指标，听出财政数字和情绪。你必须表示理解，哪怕并不赞同。你需要提出好问题，学会对员工表现好奇和兴趣。这会带来很大改观。

8. **有力的观点。**

杰出的领导者有自己的观点，有说服力，能影响团队、获得成功的总是那些自己持有强大观点的人。领导者需要一次又一次地站起来表达观点，需要就特定问题表达自己的看法，勇敢地支持自己坚信正确的事物。很少有领导者会思考怎样形成观点——不过，一旦清晰地将观点陈述出来，就能助你收获朋友、影响员工，赢取塑造未来的有力声音。没有自己的观点、不去表达，就会造成混乱，产生真空地带，让消极员工乘虚而入，造成有害影响。和5年前比起来，人们对商业领导动机、判断力和能力的信任度降低，难道我们不应该更频繁、更透明、更坚定、更热切地谈论这些问题吗？因此，理想的观点需要将目标和价值观结合起来，强调你的行为，吸引人们关注你的方式能带来哪些益处，还要拥有呼吁人们行动的能力。这是强大的工具。

9. **更多地使用故事和比喻。**

让员工倾听已经不易，让他们侧耳倾听并记住你的话，更是难上加难。每一位领导者都会使用故事，因为我们更乐意带着想象力去听，好故事可以让员工放下戒备，触动他们的心灵。故事源自事实，蕴含着让人行动的力量。最好的故事可以告诉我们或好或坏的顾客体验，可以宣传赞扬践行组织价值观的员工，可以诉说员工因体制无法施展才华的沮丧，可生动地描绘未来，也可将领导者的期待传递给听众。故事能够刻意避开幻灯片的独断专横，因此更加动人心弦。采访中，一些领导者告诉我他们不太喜欢用寓言，而是更倾向于用在现实生活中听说的故事，称这些故事基于事实而非虚构，有些故事的确不太真实。但这些领导者都爱用故事，也愿意听故事，然后再说故事，反反复复。

10. **注意自己发出的信号。**

行动比言语更响亮。你也许会说，这是老生常谈，但这是领导者最难明白的事实之一。当领导者，就要有领导者的风范，观看、行动、走路、说话都要体现优秀领导者的特征。在许多场合中，领导者都会忘了自己身处毫无隐秘的场合，所有眼睛都在盯着自己。神情沮丧，心事重重地走过办公室一言不发，别人说话时沮丧地皱眉，这些都会向员工发送强烈的信号，被员工放大解读。优秀领导者会传递积极乐观的情绪，常常通过微笑、活力四射的行走姿态或笔直的站姿来传达。同样，言行不一也具有腐蚀性，如公开宣称恃强凌弱是错误行为，但看到高薪管理者盛气凌人，却不闻不问。这只能说明一件事：金钱比员工福祉重要。倘若领导者热爱自己的工作，并体现在一举一动和每一个表情之中，就会具备很强的感染力。

11. **为公共平台露面做适当准备。**

许多领导者名誉扫地或地位动摇，是因为没好好准备针对员工或外部集会的讲话。员工更喜欢有备而来的领导。如此的确会影响动机，我们将见证这一点。员工希望为自己的领导感到骄傲，尤其是领导在公共场合说话时。领导者级别越高，越容易出现在公共平台上。做得好，就会成为绝佳的露面机会，提升销量或股价，安抚紧张的投资者或不愉快的客户，劝说有才之士加入企业。强烈建议领导者参加适当训练或接受该方面的指导。不过，仅靠培训还不够。熟能生巧，演练就是最好的练习方式。要永不满足——在这方面碰运气实在消受不起。

12. **学习，预演，评估，提高。**

谦逊是下属最希望从领导者身上看到的品质之一，这一点从我下一章的研究中就可以看出。有自知之明，怀谦卑之心，就能进一步激发员工的自发努力。努力做一名优秀的沟通者，就会成为更优秀、更有效的领导者。这就是我采访的领导者为何都专注于不断进步，努力从各种表现中读取透彻直白的反馈并以此为动力。是否拥有卓越的领导力决定成败。优秀领导者可以引领组织走向成功，激励下属、鼓舞士气，为团队指明方向。他们引领变化，推动创新，传达强有力的未来愿景。鼓舞启发他人的能力，是高管招聘时最常被提及的重要素质。沟通是领导者得以鼓舞人心的有力工具。不过，这项本领需磨砺练就。

若能将这12条领导力原则付诸实践，就能对员工产生巨大影响，并成为敬业度的基石。这些原则可以让你变成一位敬业的领导者，能助你为团队或公司构建更强大的战略陈述，助你引导员工发表看法，助你在领导过程中正直地传达价值观。它们可以帮助你让员工感受到自我价值和团队归属感，向更高目标迈进，理解自己该怎样贡献，并主动全力以赴。

这12条原则效果如何？怎样才能真正影响绩效？是否可以真正激发员工可遇而不可求的热情投入，即激发更多的自发努力？我向舆观（YouGov）提出了这个问题，这是一家国际互联网市场调查公司，总部设在英国，但在欧洲、北美、中东和亚太地区都有分支机构。我让该公司对我从访谈中所学的经验进行强度测试，调查管理者和员工对此是否表示赞同。调查结果会在下一章中呈现。

下一章预告：在增强员工目标感方面，领导者做得怎样？

第三章提要

1. 领导者能否有效赋予员工目标感，会极大地影响员工表现。
2. 员工敬业度取决于目标感，提高员工敬业度是提高绩效的捷径之一。
3. 在各行各业，员工敬业度与组织生产力和绩效都有显著相关度。

4. 理解个人职能与组织目标、目标之间的关系对生产力很重要。

5. 如今超过70%的公司领导者认为敬业度对公司至关重要，并将其列为所有组织获得成功的关键要素之一。

6. 有目标感的人在工作中会产生更积极的情绪——热情、愉快、乐观、满足感和冷静。相对来说，不敬业的员工感到悲伤、担心、沮丧、阴暗、紧张或不安的可能性高出3倍。

7. 感受到被尊重对员工来说非常重要，称领导尊重自己的员工敬业度高出55%。

8. 领导者需要目标、愿景、价值观以及挑战性目标。

四
用目标提高绩效

最能激发员工自发努力的领导行为

能看到工作意义和重要性（目标）的员工，留在组织中的可能性为平均值3倍多，工作敬业度更为显著。可悲的是，大量管理者称设定并沟通目标是自己最弱的方面之一。对此，员工也表示赞同。若想激发团队高绩效，领导者需要做些什么，在线投票公司奥观的特别研究为你指明道路。

我的确热衷于提高员工敬业度，但这并不代表仅靠这一点就能为投资者带来更好的股价收益。

我想表达的是：敬业员工能够助你实现更佳成效，助你超越那些员工不够敬业的竞争对手。换言之，他们可以助你获取竞争优势。高敬业度、做分外之事的意愿都可转化成显而易见的公司成效，从而为股东带来更多收益。

文化这种无形资产也可以为公司增值，这一点同样很明显。领导力也可以。如果投资者感受到某个公司领导有方、文化强大、员工无比敬业（假设其他方面条件也不错），那他们往往会认为公司极具价值。

我也不想宣称目标本身能带来很棒的收益和长期价值。不过，它是员工感受的重要影响因素，因此对员工表现也会产生巨大影响。

然而，单纯依靠目标还不够。还有许多其他因素会影响领导者带给员工的感受，以及能否很好地鼓舞员工提高绩效。这就是我的任务——我将探索擅长展现哪些行为可让管理者更好地鼓舞员工，提高员工的敬业度和责任心，让员工更快乐、付出更多自发努力。

领导者该如何鼓舞团队士气

若想刺激员工大脑中产生积极的神经化学物质、激发正确行为，领导者到底该怎样做？如何才能创造双赢局面，既收获高绩效团队或组织，也让员工变得快乐、满足？

这就是我在前两本书中讨论的内容，也是我在全世界各大平台上探讨的问题。为此，我向超过120位首席执行官请教他们来之不易的经验和智慧，这些领导者抽出宝贵时间与我交谈，慷慨地分享自己的智慧和经验。我将这些内容提炼成了第三章所列的12条原则。此后，请各级管理人员自评对这12条技能的掌握情况，这样我就得到了一个数据库，其中有超过1000名领导者对自己表现的自评。

我用下列问题来判断管理者运用这12条原则的情况。调查时，我请领导者用0~10级自评，10为卓越，问题为：

1. 总体而言，你从何种程度上言行一致地带着真诚的热情与员工沟通，鼓舞他们？
2. 总体而言，你讨论组织目标、价值观以及团队工作与其联系的频率有多高？
3. 你与员工谈论未来，并以此帮助他们理解该如何努力才能实现未来的频率有多高？
4. 总体而言，你将外部带入内部、引入客户意见并打造良好关系的频率有多高？
5. 你与员工展开深刻而有意义的对话，谈论组织走向及他们需要为此做什么的频率有多高？
6. 总体而言，你花时间理解听众观点、与员工讨论他们重要关切的频率有多高？

7. 你真正花时间深入倾听员工、理解他们状况的频率有多高？
8. 在表达自身和组织的重大问题方面，你表述的清晰度如何，强度如何？
9. 你认为自己用故事和听说的事情传达信息的频率有多高？
10. 总体而言，你认为自己言行和肢体语言表现一致的频率有多高？
11. 你认为自己面对大群观众/公众平台说话的效果如何？
12. 你反思自身沟通表现、接受训练努力提高的频率有多高？

令人沮丧的是，领导者自评分数最低的是目标和价值观——他们感到自己既不知道该如何在部门内传达企业的目标和价值观，也从未考虑过怎样为自己部门定义目标和价值观。写作本书又多了一个理由——领导者感到自己在这些方面做得不好，而我们的研究却表明，这是塑造高度敬业、高绩效员工的重要因素之一。

如下为领导者的自评结果，项目按得分递增顺序、根据平均分由低到高排列：

目标和价值观（问题 2）	5.96
学习、提高（问题 12）	6.11
公共平台（问题 11）	6.13
将外部带入内部（问题 4）	6.22
着眼未来（问题 3）	6.30
故事（问题 9）	6.36
通过谈话提高敬业度（问题 5）	6.63
信号（问题 10）	6.63
以听者为中心（问题 6）	6.69
自我提高（问题 1）	6.96
倾听（问题 7）	6.99

观点（问题 8）　　　　　　　　　　　　　　　　　　7.24

如果你参照这 12 个问题进行自评，结果会是怎样呢？

许多领导者为面对众人讲话打出了尽可能低的自评分，我认为是可以理解的——有多少人真心享受公共演讲呢？为数不多。可正如你所见，这种能力对有效领导至关重要。领导者自评分最高的项目是：以更真实的自我示人（真实性），倾听，持有力观点（最高分）。

糟糕的倾听者

我采访的许多员工都说自己的领导不太真诚，是糟糕的倾听者，这些领导者常常给出有力的观点，但也许第二天就会变卦。这让员工感到困惑，打击士气。员工说自己最渴望目标感、强大的价值观和文化，渴望在组织中能感受到被人关心，渴望有机会与老板深入交流，渴望上级鼓励并尊重他们的意见和努力。但员工总是告诉我，他们从老板那里偏偏得不到这些。

那么 1000 多名参与调查的管理者在关注员工方面自评均分不高，也不足为奇，"我的管理团队和我会与员工进行深入交流，员工因此更加投入、备受鼓舞、专注于所做之事"，这一条自评分仅为中等。

在陈述鼓舞人心的愿景方面，这些领导者为自己打的分也很低——而我们发现，世界各地的员工都将这一点视为领导者最重要的品质之一。此处明显存在隔阂，也引人忧思。

（顺便说一句，你可以自己做测试，然后将分数同世界各地其他 1000 多名测试者的得分做比较。如果你想自评"激励系数"的话，可在 www.leadershipcommunication.co.uk/the-test 打开问卷自评。在线测试不仅会呈现你的优劣势，还会为你需要提高的方面提供实用的建议。已有来自欧洲、美国、拉美、澳洲和远东的管理者做了这份测试。）

我对管理者想法和员工想法的差异感到好奇，两年前便开始研究，希望进一步了解员工对老板激励系数的评价。我们调查了英国 4000 多名雇员作为代表样本，发现仅 21% 的人认为老板在鼓舞员工方面做得很好，将自己的老板评为"非常鼓舞人心"的仅有 5%。

这说明，每 20 位员工中仅有一位认为自己的领导者十分擅长鼓舞员工。低分段中，有 33% 的员工认为老板在鼓舞士气方面做得不够好，甚有 12% 的员工将老板评为"一点儿都不鼓舞人心"。该研究表明，管理者在鼓舞士气方面做得很不够，各地领导者和管理者都忽视了这个问题，暗伏危机。激励不足将导致敬业度不足，随后就会导致领导者在业绩评估中绩效下滑。

如今我们面临着严峻的考验。我竭尽所能向采访的领导者汲取经验，并将其浓缩成 12 条原则。我以此测试 1000 多名管理者，让他们对照问题评价自己的表现。我询问了 4000 名员工老板是否足够鼓舞人心。

重要管理行为：从员工角度看问题

现在我需要弄清楚，管理者在 12 条原则上的表现，对员工和管理者表现的评价以及员工敬业度有何影响，我需要厘清它们之间的关系。12 条原则中，哪几条最能驱动员工自发努力？我想用数据来验证，让团队更快乐、健康、高效、目标明确的到底是什么。

我的秘密武器是我的女婿斯蒂芬·卡祖鲍斯基（Stefan Kaszubowski），他是全球网络市场调查机构舆观特别项目组负责人。斯蒂芬和他的团队热衷于通过研究的力量让领导者投入社区，让他们采取联系、劝导和创造繁荣社会的方式进行沟通。我请他加入这项调研，我将研究描述成"理解管理行为与员工受尊重、受激励程度相关度的任务"。我想探索自发努力的动因，其中就包括目标扮演的角色。

"为我的 12 条原则做强度测试。"我说道。

斯蒂芬·卡祖鲍斯基很紧张：如果他的研究否定了我的结论怎么办？我从未想到过这种可能性。40 多年的公关领域工作足以告诉我，这些原则很可靠，但我现在急需用数据来说服那些疑虑重重的管理者，告诉他们这些软实力同样重要，且对员工绩效有实质性影响，从而也会影响到他们实现目标和抱负的能力。

最后，斯蒂芬·卡祖鲍斯基同意加入，他和他的得力助手分析师本·梅因沃林（Ben Mainwaring）开始对4000多名员工和管理者进行调查。第一项工作是整理12条原则。不难发现，我在第三章中表述的方式比较粗糙，会产生多种歧义，每一条都需要进一步细化。调查时，直观简洁才能透彻，不仅要确保人们读懂问题，还要便于进行公平的评估。斯蒂芬和他的团队将12条原则扩展成了20条可测量的行为问题。

斯蒂芬·卡祖鲍斯基和本·梅因沃林共同决定先让一群管理者投票，参照20种行为进行自评，然后再让员工另行投票，评出这些行为的重要程度，再对自己老板在这些方面的表现进行评分。

如下为他们让管理者自评的20个问题（员工问题一样，但还需回答自己认为上司做得怎样）：

1. 在工作中，我真心相信自己所说的内容。
2. 在工作中，我很诚实。
3. 在工作中，我很真诚。
4. 我对自己的工作充满热情。
5. 我在乎组织的价值观和使命。
6. 在工作中，我会帮助他人理解组织的前进方向。
7. 在工作中，我让他人感到自己做出了贡献。
8. 在工作中，我会告诉其他人，他们的工作会如何影响别人。
9. 在工作中，我会给出建设性意见。
10. 我关心自己的直接下属。
11. 我会努力理解下属的需求。
12. 我会努力让下属感到自己的付出和观点得到了重视。
13. 在工作中，我会始终根据自己之前说的计划行事。
14. 在工作中，我会保持一致。

15. 我明白自己在管理方面的弱点。
16. 我努力提高自己的领导力。
17. 我常常会和下属谈论组织的进展。
18. 我能有效使用他人可以理解的表述。
19. 我能有效使用肢体语言。
20. 我的公开演讲效果很好。

除此之外,当然还有一些其他问题,主要是为了收集调查样本的个人情况、工龄、所在产业和教育水平等背景。研究人员还要求所有调查对象评出优秀管理者最重要的管理行为。

舆观采访了1884位管理者,其中有134位为首席执行官或总经理,240位董事级别管理者、735位高管以及775位中层管理者(66%的管理者为男性,34%为女性;28%的管理者年龄为55岁以上,13%处于18到34岁之间,58%处于35到54岁之间;在上述所有调查对象中,有53%来自私有领域,28%来自公共部门,19%来自非营利性机构)。

舆观采访了2121位员工,其中1258位在私有领域工作,605位在公共部门工作,264位在非营利性机构工作(这些员工男女比例相同,51%的调查样本年龄在35到54岁之间,24%在18到34岁之间,26%为55岁以上)。

管理者行为的重中之重——来自研究的启示

关键的起点是判断管理者和员工眼中最重要的管理者行为是否相同。如果这方面管理者和员工意见不统一,我就无从下手了。我们提出了下列问题:"你认为下列哪一条是管理者最重要的素质?哪一条次之?哪一条的重要程度排第三?"

舆观调查指出,管理者最重要的特质为"让员工感到自己受重视、被欣赏"。研究又一次证实了神经系统科学家的观点。让员工感受到自我价值，他们就会表现得更好，因为此时他们更愉快。

舆观设计的这项研究旨在探究自发努力的驱动因素。分析显示，有4种管理行为与自发努力有重要关联，分别为：

- 沟通愿景和目标；
- 让员工感到自己对愿景有所贡献；
- 让员工感受到领导者欣赏他们的努力和观点；
- 演说技能。

舆观用数据因素分析技术确定了5条特征类属：关心和理解，受目标驱使，体现组织的透明度，真诚，拥有演说技能。这些特征类属中最重要的是关心和理解，包括：

- 让我感到自己有所贡献；
- 解释我的工作如何影响他人；
- 给予有效反馈；
- 关心我；
- 欣赏我的努力和观点；
- 在乎领导力提高。

感受自我价值——最重要的前提

舆观发现66%的管理者和65%的员工认为让员工感到自己受重视、被欣赏是首要特质，从一定程度上来说比其他的都重要。然而，虽然管理者和员工一致认为尊重很重要，但我们发现，实际工作中正好相反。管理者或不尊重员工，或任由员工互相不尊重，这会带来灾难性后果。

据美国乔治城大学麦克多诺商学院副教授克里斯汀·波拉特称，尊重的对立面是鲁莽和不尊重，在工作场所非常猖獗，且有增长趋势。克里斯汀的研究聚焦领导力、组织文化和变革。她不仅关注不良行为的后果，还研究组织应如何打造让员工充分发挥才能的积极环境。她的研究表明，个人和组织都可在绩效、创造力、身心健康方面获益。

她称：

"在过去的14年中，我们对数千名雇员进行了员工待遇调查，98%的调查对象都表示经历过无礼行为。

"后果非常严重。几乎所有经历过工作场合无礼行为的人都报以消极回应态度，有人甚至公开报复。员工感受不到尊重，创造力就会降低，很多会心生厌倦而离职。约有一半的人会刻意懒散或在工作中大打折扣。无礼行为也会损害与客户的关系。我们的研究表明，如果人们感到公司员工粗鲁，购买的可能性就会降低，不管这种粗鲁是针对客户本人还是其他员工。目睹一起不愉快的互动，就能让客户对其他员工、组织本身乃至品牌产生坏印象。"

克里斯汀·波拉特称，她和她的研究团队采访了员工、管理者、人力资源管理者、总裁和首席执行官："我们明白了两件事情：粗鲁的代价很昂贵，但很少有组织认识到这一点或采取行动对其进行扼制。"

不足为奇。好吧，我们还是会为之震惊。既然管理者和员工都将尊重视为领导者最重要的素质，为何在工作中是否受到尊重的感知上还存在如此巨大的鸿沟呢？在我们的舆观调查中，73%的管理者认为自己让员工感到受尊重了（极少数——4%——承认自己在尊重员工方面不够努力）。然而，仅40%的员工认为自己始终能感受到老板的尊重。

也就是说60%的员工大部分时候都感到自己未受到尊重、不被欣赏。想象一下吧，他们工作时大脑中有多少消极的神经毒素！若能进一步感受到尊重，将对员工付出自发努力的意愿有何影响呢？据舆观员工调查显示，如果管理人员在这方面能从糟糕提升至优秀（仅是优秀，不是卓越），得到的回报将会是员工的自发努力提高36%。

仅是多一点尊重，生产力就能提高36%！想象一下，这将对生产力、成本、创新、客户满意度和盈利能力产生多大影响？

最鼓舞人心的 8 种领导行为

还有哪些其他重要管理行为？如下为员工和管理者达成共识的最重要管理特质：

1. 让员工感受到自己的重要性，感到被欣赏；
2. 诚实，真诚；
3. 保持原则一致；
4. 认真倾听；
5. 确定目标；
6. 坚守目标；
7. 理解员工观点；
8. 沟通客户期待和客户体验。

舆观调查发现，他们测试的 20 条特征都很重要，但上述 8 条为管理者和员工一致认为重要的前 8 条。

如果说这些是最重要的特征，那在这些方面管理者的自评和员工对老板的评价如何呢？之前已经提及，在员工是否感到受尊重这个问题上存在感知差异，那么管理者普遍如何评价自己的诚实和真诚度呢？

舆观采访的管理者中有 94% 的人强烈认为或从一定程度上认为自己在工作中是诚实的，92% 的人称自己在工作中真诚。

然而，员工却有着很不一样的感受。仅 63% 的人认为管理者诚实，37% 的人表示对此不明确或否认；仅 58% 的员工认为老板真诚，超过 40% 的员工表示不确定或否认。

尽管我相信参与调查的管理者的确如他们所说的那样真诚，但他们应为这种明显的感知差异感到担忧。信任很重要，它不仅会影响员工对领导者的看法，还会影响团队的表现。低信任度抑制合作与创造力，会对绩效产生消极影响。员工如何看你，你知道吗？如果你和团队之间存在感知差异，是什么引起的？这些问题将对你的领导效率产生怎样的影响，你知道吗？

令人担忧的是，同样的感知差异在原则评价方面也出现了，90%的管理者称自己会根据所说的计划行事，可只有54%的员工表示赞同。在一致性原则（换言之，践行价值观）这个问题上，91%的管理者称自己做到了，仅53%的员工表示赞同。

管理者常常高估自身表现

该研究有一个重要发现，管理者常常高估自己上述特征点的表现，而且会高估许多。可位于接收端的下属，对管理者偏偏有不同看法。

比如，员工认为老板在是否乐意倾听、是否重视下属的努力和观点方面亟待提高，而94%的管理者称自己已经做到，对此仅有60%的员工表示赞同。这意味着团队中有40%的员工感到自我价值未得到认可或未受领导尊重，（正如我们所见）这会对绩效产生扼制作用。

下列事实可证实这一点：本次调查中，最大的感知差异出现于管理者是否关心下属的问题上。93%的管理者称自己关心员工，仅52%的员工表示赞同。更糟的是，近四分之一的员工否认。这可能是由于员工感到老板不理解自己的需求所致，超过十分之九的管理者称，自己会努力理解团队的需求——然而大部分都不太成功。仅48%的员工称管理者理解自己，超出半数的员工持不确定或强烈否定态度。如果说让团队成员感受到自身重要性、感到被欣赏是取得高绩效的前提，那许多老板就都没做好。你是其中之一吗？

三分之二的员工称通常会付出自发努力

作为领导者，还要做什么来激励员工的敬业度和自发努力？让我们先来看看，管理者和员工分别是如何定义付出自发努力的。

舆观找到了妙招，将那些在何时何地工作都自带热情、活力、责任心和自发努力的员工排除了。无论领导者是否鼓舞人心，员工都会在不同工作中自带35%左右的自发努力。我们在分析中也剔除了这种内在的自发努力因素，旨在衡量改善员工个体动机之外的管理行为将如何影响员工行为。

论及在当前岗位上付出自发努力的频度，62%的员工称他们会频繁付出自发努力，28%称有时会，11%称很少或从来不会。不同年龄段调查对象得出的数据较为接近，55岁以上略微降低，可以理解。称自己频繁付出自发努力的男性比女性更多——27%的男性称自己常常这么做，21%的女性这样说。

私有领域、公共部门和非营利性机构的员工付出自发努力的意愿差别很大。私有领域员工在58%的工作时间中会付出自发努力，公共部门员工为67%，非营利性机构员工为72%。

员工称，自己对组织价值观和使命的关心程度也从一定程度上驱动了责任心。仅47%的私有领域员工称自己关心组织价值观和使命，公共部门员工为63%，非营利性机构员工为72%，这里计入"非常关心"和"比较关心"两类。称自己关心组织目标的私有领域员工不到半数，管理者任重道远。

那管理者是否赞同员工付出极大自发努力？不赞同。仅41%的管理者称员工常付出自发努力，46%的管理者称员工有时会。此外，同一批管理者称自己在69%的工作时间中会付出自发努力。

面对这道感知鸿沟，我一点儿也不奇怪——员工认为自己很努力，老板却认为他们还不够努力。老板总是怀有更高期待——更多努力、更好的结果、更多客户、更多收入——日常所见的员工努力，既无法让他们满足，也无法让他们惊叹。这种态度很危险，可能会导致领导者对员工的努力视而不见，极大地挫伤士气。如此一来，员工日后就不会那么努力了，恶性循环由此开始。赏识很重要，即使团队没有达到理想的结果，还是要先赏识他们的努力，然后再思考改善方案。

能否激励员工影响生产力

本书讲述的是怎样提高鼓舞员工的能力，现在你做得怎样？你知道吗？我们请所有管理者告诉我们，他们眼中的自己是否足够鼓舞人心，73%的人称自己非常或在一定程度上鼓舞人心（7%的人称非常鼓舞人心，66%的人称在一定程度上）。我们采访的1884位管理者中，有213位非常诚实的管理者称自己不太鼓舞人心或无暇顾及激励员工。

员工对此持不同看法，仅41%的员工认为老板鼓舞人心。他们称，10位老板中差不多有6位都不够鼓舞人心，或更糟糕，挫伤士气。

我认为领导者不擅长激励员工，是造成我们面临的生产力挑战的原因之一，但正如我之前提及的那样：若想提高绩效，这是捷径。为什么？因为我认为，我们有必要加强对如何帮助、训练管理者有效激励员工的关注。

有效激励员工并不难。每当我向领导者提及激励员工的策略时，他们的第一反应往往是增强个人魅力。不见得——鼓舞士气针对的是他们（员工），而不是你（管理者）。不必再想自己怎样才能成为鼓舞人心的领导者，而应换一种思路，考虑该如何让员工更容易受到鼓舞。

舆观找出了领导者更显鼓舞人心、激发斗志和关怀员工的重要行为，包括：

- 表现出对组织价值观和目标的关心；
- 帮助员工理解组织的前进方向；
- 让员工感到自己为组织目标做出了贡献；
- 体现对员工需求的理解；
- 让员工感受到领导欣赏他们的努力和观点；
- 信守承诺；
- 有效地采用员工能理解的表述方式进行沟通；

- 做好公开演讲。

正如你所见，关注点并非你的个人魅力，而是你给员工的感受。然而，问及领导者心目中鼓舞人心的典范时，他们总是回答那些令人敬重的领袖，如约翰·F.肯尼迪总统、圣雄甘地、温斯顿·丘吉尔、特蕾莎修女、尼尔森·曼德拉等。他们认为，如果自己可以更像这些领袖，就能更好地鼓舞团队。

不过，事实仍非如此。在我看来，对我们大部分人来说，试图模仿那些领袖很愚蠢。假如我们可以放下对自己的关注，转而加倍关注他人、关注我们对别人施加的影响力，就能找到正确思路。专注于这些行为的实践并不难，奥观分析显示，只要将你的表现从糟糕提升至良好，就能获取巨大优势。

激励自发努力的秘诀

奥观研究结果显示，如果将上述 20 种行为的表现都提升至良好，你在员工眼中鼓舞人心的系数将会提高 89%，让他们感受到被尊重的可能性将会提高 65%，员工动机水平将会提高 56%。同一员工研究报告显示，最重要的是，你也许能够将员工激发的自发努力提高 24%。

这些就是能极大影响你的团队敬业度得分的明显收获。它们还会对领导者实现自身目标的能力产生重大影响——无论是提高收入还是增强盈利能力、提高客户满意度、减少事故和员工病假。

奥观的斯蒂芬·卡祖鲍斯基称："这些启示均来自数据显著性。通过多重回归统计技术，我们得以理解哪些管理特质是驱动员工敬业度的关键因素，包括自发努力。"

分析师本·梅因沃林称："调查显示，若是管理者在员工眼中呈现出积极形象，管理就会更高效。然而，尽管双方对重要领导素质的理解基本一致，但管理者自认为表现不错的方面，员工并无同感。"

但某些行为在赢取员工自发努力方面具有更强的影响力。本·梅因沃林解释道："该研究显示，理解自身劣势、能够有效为他人做出解释的管理者很受欢迎，却不见得能赢得更多员工的自发努力。有4种管理行为与自发努力具有更为紧密的关联。"

4种最重要的管理行为

在之前提及的前8种行为中，最重要的4种是：

1. 帮助员工理解组织的目标和愿景、理解前进方向；
2. 让员工感到自己为组织目标做出了贡献；
3. 让员工感受到领导欣赏他们的努力和观点；
4. 拥有开展高质量谈话、进行公开演讲的沟通技巧。

当今世界更信任数据，因此我花时间用量化方式阐释为何需要优化员工体验，哪些管理行为有助于团队前进。组织和团队应好好思考这个问题："若想让员工备受鼓舞、更有动力、感受到更多尊重、更愿付出自发努力，我们组织该如何培训管理者，让他们多做点什么、少做点什么呢？"

正如克里斯汀·波拉特所说：

"感受到上级关心，是最能有力增进员工信任感和安全感的领导行为。认为上级支持自己的员工，留在组织中的可能性为平均值的1.3倍，敬业度高出平均值67%。

"能看到工作意义和重要性（目标）的员工，留在组织中的可能性为平均值的3倍多——这是我们研究中受变量影响产生的最高值。这些员工的工作满意度高出1.7倍，敬业度高出1.4倍。"

如果员工能感受到自我价值、感受到尊重，坚守团队的目标，明白自已为组织目标做出了贡献，信任团队的价值观，践行团队文化，常常有机会和老板交流沟通，他们的目标感就会更加强烈，从而产生更强烈的动机，表现得更加出色。

下一章预告：价值观如何增强目标感、创造价值。

> **第四章提要**
>
> 1. 领导者自评在团队中实践目标和价值观的能力最差——然而，据研究显示，这一能力是员工最为渴求的。
>
> 2. 奥观研究指出，管理者最重要的素质是让员工感受到自己的重要性，感到被欣赏。尽管管理者和员工都知道尊重很重要，但实际工作中却常常相反。
>
> 3. 员工认为在老板倾听、看重下属的努力和意见方面有待提高。虽有94%的管理者自认为已做到这一点，但仅60%的员工对此表示赞同；调查中，4.7%的管理者称自己非常鼓舞人心，66%的管理者称自己比较鼓舞人心。员工对此持有不同看法，仅41%的员工认为老板鼓舞人心，其余则称老板不够鼓舞人心甚至挫伤士气。
>
> 4. 如下为影响自发努力息息相关的四大管理行为：
>   ——帮助员工理解组织的目标和愿景、理解前进方向。
>   ——让员工感到自己为组织目标做出了贡献。
>   ——让员工感受到领导者欣赏他们的努力和观点。
>   ——拥有开展高质量谈话、进行公开演讲的沟通技巧。

五
价值观的价值
文化如何增强目标感、推动进步

如果领导能让员工践行组织的价值观，价值观就积极推动人际关系、声誉和绩效。践行共同的价值观能够催生信任——信任正是繁荣的基础。没有信任，就不会繁荣，信任源自正确的价值观框架。但需谨慎选择价值观，通过正确的途径让价值观助你实现商业计划。

当危机来袭时，谁还记得危机管理手册放在哪儿，更别提抽空阅读了。任何在现实中经历过危机的人——目睹过组织生存受威胁的人——都懂得那种惊恐万分、大脑麻木的感觉，被全球媒体围攻，需在信息不够的条件下迅速做出决定，被急于提问的各方轮番轰炸，而与此同时，自己还没想明白到底发生了什么。

在这些情况下，除了阅读危机管理手册外，你还能做什么？你会诉诸直觉和价值观，做出自己心目中的正确抉择。有时这会让局势雪上加霜。

我供职于大型组织时，曾不得不处理化学品、核能与航空产业危机，然后又作为咨询师给客户提出建议——为公司遭遇危机的领导者提出建议，行业涉及销售、汽车、食品、信息和石油，我有许多案例可以分享。有的公司会定期开展危机管理演习，更有甚者模拟过十分逼真、让人汗流浃背的危机应对实战。然而，当危机真正出现时，一切恐怕都难以按计划行事。

那些从未做过此类演习的公司会被震惊到，需要耗时许久组织回应。在那种真空状态中，在疯狂的媒体和敌对人群的反应中——可能受危机影响或本身就对公司持反对态度——都会加深成见，酿成更大麻烦。然而，让事情进一步恶化的往往是公司自身的行为。

无论是自然灾害、犯罪诈骗（如今黑客问题越来越多）、组织错误决定还是不幸事故的受害者，公司对危机的第一反应常常会引发更多乃至更糟的问题。

有时，公司领导者会采取基于财政考虑的权宜之计，伤及所有主要关系，最终导致形势恶化，成本大大增加。在那些情况下，他们心中最重要的价值观会影响决定和行为。

如果他们认为现金流量和股价比维持与主要利益相关者的关系更重要，可能就会严重损害这些关系，最终也会失去顾客和现金流量，失去老客户和当地社区的信任，让股东丧失信心。

律师也许会温馨提示，道歉意味着承认错误，从而会增加应承担的责任，于是领导者宁愿躲在办公室里，拒绝体现出人性化的一面。有的甚至拒绝召回可能造成伤害的产品，还有的则对受惊的客户不管不顾，或对因公司问题遭遇不幸的受害者不表现出丝毫同情之心。

我认为这些领导者和团队也许在墙上贴了一套价值观，但自己根本不信。那些相信自己的价值观并在组织日常中践行的公司，常常会更清晰地体现道德底线，更关心灾难后怎么做正确的事情，无论这意味着要付出多少代价。尽管他们遭遇短期冲击，但能够保证公司的长期生存，危机过后往往也会变得更强大。

价值观是行动中的信仰

我始终将组织的价值观定义为行动中的信仰。任何组织文化实质上都是"在这里我们怎么做事"。关键词是"做"。价值观驱动信念，信念驱动行为，而这些行为决定组织经营状况。这些行为就是你的文化。

因此，如果组织真正依据自己的价值观行事，价值观就会成为激发正确行为的竞争优势。正如威士创始人迪伊·霍克所言："深思明智之举，源于简明的目标和原则；幼稚愚蠢之举，来自复杂的规章制度。"

一系列企业道德原则研究可以支持这个想法，研究显示，如果员工在工作中过分依赖于服从命令，就会失去认同感，带来不明智的决策。罗杰·斯蒂尔（Roger Steare）教授是一位英国企业哲学家、演说家、作家，他和心理学家帕夫洛·斯坦布利德（Pavlos Stamboulides）一起针对道德特征、道德判断和道德行为展开了一项实证性研究。他们共同设计了道德基因（Moral DNA），这是一种用于测量道德问题决策倾向的心理测量工具。它基于3种道德决策哲学——推理逻辑道德、关心或同理心道德以及服从和法律道德。

罗杰·斯蒂尔教授与英国特许管理学会合作，一共调查了2500位在私有领域、公共部门和非营利性机构工作的英国特许管理学会会员。他们发现管理者在家和在工作场合使用的决策程序是不一样的，在工作场合他们会禁用关心机制、打开服从机制。换言之，他们的道德水平在工作场合会下降。他说：

"我们发现人们眼中大型组织的行为更不道德。仅23%的大型组织——我们指员工在250人以上的组织——管理者在道德行为方面得到了高分，少于10人的组织有59%。

"很明显，组织文化影响个体在工作场合的思考和行为方式。价值观和原则会驱动管理决策。应对问题，切莫采用机械的管理反应：太多规定会带来更多道德问题，并不能减少道德问题。"

特许管理学会发现，管理道德越强，组织绩效越高，对提高员工敬业度的推动作用也越大。增强道德感能让顾客更愉快，从而在风险管理中受益。

全球性调查显示，人们重视价值观

为了探究价值观在组织中是否深入、判断价值观扮演的角色，总部设在华盛顿的美国管理咨询公司博思艾伦咨询公司（Booz Allen Hamilton）与关注价值观导向型领导和公共政策的非营利性、非政党性论坛阿斯彭研究所（Aspen Institute）针对30个国家和5个地区的企业进行了全球性研究。

365家公司的高管参与投票，近三分之一为首席执行官或董事会成员。调查目标是研究公司定义企业价值观的方式，扩展价值观和企业绩效关系的研究，以明确企业价值观管理的最佳做法。

研究结果如下：

- 道德行为是公司行为的核心要素。调查发现全球调查对象中有89%拥有书面的价值观陈述，近四分之三的调查对象认为，管理者和员工都面临着体现强大企业价值观的压力。在那些有书面价值观陈述的89%的公司中，有90%将道德行为列为原则。

- 许多公司认为价值观影响两个重要的战略层面——人际关系和声誉——但它与经济增长并无直接联系。在那些致力于实现顾客承诺的公司中，80%的公司认为自己的原则推动了员工努力。大多数公司也将员工留用、招聘以及企业声誉视为公司战略的重要部分，且这些工作皆深受价值观影响。然而，很少有公司能证明价值观对收入和增长率有直接影响。

- 许多公司不会测量自己的价值观回报（ROV）。当今商业环境越来越重视对特定投资回报进行量化描述，令人惊讶的是，在这种大环境下，大部分高管不会花费心思对价值观回报进行量化分析，称公司有能力测量价值观与收入和回报率直接联系的少于半数。

- 绩效排名靠前的公司会下意识地将价值观和运作联系起来。财政业绩领先的公司比其他同行更强调关心员工、为成功努力、提高适应能力等价值观，他们在联系价值观和公司运营方式上做得更成功。
- 不同地区之间的价值观实践千差万别。亚洲和欧洲公司比美国公司更强调企业社会角色价值观，如社会和环境责任。
- 领导者的态度非常重要。85%的调查对象称自己所在公司有赖于首席执行官的明确表态支持巩固价值观，77%的调查对象称这种支持是加强公司价值观实践能力的"最有效"途径之一。（分支、全球公司、公司总部和各级领导都适用。）

博思爱伦咨询公司公司和阿斯彭研究所调查显示，虽然世界各地管理人员已清醒地认识到基于价值观的管理和公司绩效的关系，但与价值观相关的管理实践和测量手段仍有待提高。

此乃一大遗憾。我认为这是由于管理者没有使用正确方式衡量价值观导致的——未能将其转化为可观测的具体行为，否则就很难让人们理解它在价值创造中的角色。另一个问题是公司没有认真选择价值观，没有采用正确的使用方法。公司常常会选择和竞争对手如出一辙的价值观，使自身行为、文化难以与其他公司区分开来。

欧洲领先的金融和企业公关咨询公司梅特兰（Maitland）的一项最新研究发现，英国富时100（FTSE）公司中仅17家没有在网站或年度报告中宣称价值观体系。在亮明价值观的83家中，正直、尊重和创新是表达最多的价值观。

"我们发现，在常见价值观中，有许多是行为特点，与运营特点关系不大，运营特点包括灵活性、效率、速度和简洁等，这些在我们的研究中都出现了，但往往排在后面。"梅特兰评价道。

梅特兰调查评出的前10个价值观是：

1. 正直
2. 尊重
3. 创新

4. 安全

5. 透明

6. 卓越

7. 团队精神

8. 诚实

9. 信任

10. 负责

大部分接受调查的公司列出了 3~5 种价值观，有的会表述 16 种或以上。让员工记住这么多是不是太困难了？

这让我想到了一个重要问题：这些公司各不相同，企业价值观陈述看起来却很眼熟。它们的陈述为何如此相似？随之而来的是另一个更大的问题：尽管公开表述价值观的公司越来越多，但陈述并不代表落实。

美国专注于能源、商品和服务的安然公司（Enron）位于得克萨斯州的休斯敦，以沟通、尊重、正直和追求卓越为价值观。（这些都是 FTSE 100 公司的常用价值观！）2001 年，安然公司被曝光其财政状况主要依靠有组织、有系统、精心策划的财务作假维持，因此成为企业蓄意欺骗和腐败的典型恶性案例。

不难看出，许多价值观陈述不但平淡、毫无区分度，有的还和公司领导者一样虚情假意。因此大部分公众青睐值得信赖、真实可靠的大企业，这不足为奇。在过去几年中，企业丑闻导致公众对商业道德和行为产生严重怀疑。

40% 的民众认为商业是不道德的

在过去的 12 年中，商业道德研究会（Institute Of Business Ethics）每年都会询问英国公众对商业和道德的看法。在 2015 年末的调查中，有 40% 的英国公众仍认为英国商业行为不够道德。不过，还是有好消息的，据调查显示，认为商业行为比 10 年前更加道德的人数增长了 6%。

16~34 岁的群体对道德的商业行为的感受最为乐观，其中三分之二的人认为当前商业行为实际上是比较道德的。让当今大部分公众担忧的是企业逃税（34%），其次是高管薪酬，担心人数占25%，这个数字在过去两年中有明显下降。最后是剥削员工，担心人数占20%。

从第四章提到的舆观研究中可以明显看出，如果每位管理者都能够践行价值观，就会对员工动机和自发努力产生巨大影响。员工希望老板有原则、真诚，希望老板践行积极道德的价值观。如果老板这么做，公司绩效就会提高。

鉴于上述各种原因，不难看出公司为何要将正直、真诚、责任和安全排在前列。可是，这些价值观真的可以区分企业文化吗？是否能增添竞争优势？当然，公司需要做到正直、依据道德准则行事、诚实，但这些都是底线价值观，并非区分性价值观。

价值观让团队更灵活

当今的高管明白，要想打造更灵活、反应更灵敏、更高效的公司，就要在组织内部培养更多领导者。他们需要为这些领导者提供领导框架和严密的概述，让这些领导者能够随时随地做决策，让这些领导者得以参照框架做出"正确"的决定。

若是希望做出正确决策，就需要明白努力的方向。自己工作的真正目标何在？他们还需要明白，在决策中应运用哪些价值观和信念。最后，他们还需要清楚商业目标，预期成功图景，这样才能做出正确决策。

社区商业（Business in the Community，BITC）是一家由公司主导的慈善机构，拥有超过850家公司会员，包括家喻户晓的大型跨国企业、小型的本地公司和公共部门组织。社区商业为会员提供建议和支持，要求他们努力为人类和地球创造可持续发展的明天，提高公司绩效。

在会员行为指南中，社区商业说："公司价值观陈述级别较高，它描述的是公司该如何办事。这与描述公司需完成何种任务的使命陈述不同。企业价值观关乎公司支持什么、员工应如何行事。价值观关乎公司角色的设定，赋予公司一个高于利润的目标。"

植入价值观并非易事，却会受益无穷

社区商业称："植入价值观并非易事。有些公司真正受价值观驱动，但还有无数公司的价值观陈述只是挂在总裁办公室墙上的一张海报而已，在这种公司里，呼叫中心乃至处于企业核心位置的员工并不能意识到价值观陈述是工作应遵循的实际价值观和行为。"

社区商业说，他们的研究表明，始终保持较高成就的公司——在市场上屹立百年或历史更为悠久的顶尖老牌公司，共同的关键成功因素正是拥有一套强大的价值观，足以成为联系公司员工的纽带：一个高于追求利润的目标。

社区商业称，找对价值观可赢取各种好处：

- 员工忠于公司、支持公司，如果有其他公司为他们提供同等待遇的职位，他们也更愿意留下；
- 更容易赢取顾客信任，因为顾客可以看到员工在做正确的事；
- 增强与投资者的关系，投资者会认为公司出现丑闻或陷入争端的风险更小；
- 与政府和当地社区保持良好的关系，被视为好邻居。

联合利华（Unilever）首席执行官保罗·波尔曼（Paul Polman）说，价值观催生信任：

"无论走到世界上任何一处联合利华的办公室拜访同事，尽管大家可能说着不同的语言，在不同的国家解决不同的问题，但所有人都践行着同样的价值观。共同价值观催生信任，而信任让我们努力协作——让我们在体系的任何一部分都能无缝对接，这就是繁荣的基础。因此，没有信任就没有繁荣，信任源自正确的价值观体系。

"你要为公司最底层的员工赋予自主决策的能力。我相信联合利华这样的公司之所以成功,靠的是让具体问题在所在层面就做出决策。这很重要——具体问题所在层面需做出决策。所以说,首席执行官和领导者始终要让组织上上下下都能自主决策。无所谓规章制度——规章制度会僵化创新——关键在于正确的价值观和信任,这才是能够刺激创新的东西。"

价值观应具有解放性、有测量标准

每次对首席执行官进行访谈时,我都会询问领导者所在公司的价值观。许多人承认,他们公司的价值观和其他组织差不多,因为价值观代表的是公司所在社会的道德标准。

一些公司会竭尽所能,让价值观与众不同,体现独特之处。大部分领导者会努力让目标和价值观成为公司品牌的一部分,并将其视作在竞争中脱颖而出的资源。供应商和合作商也应践行目标和价值观,以确保价值链的方向一致和高质量。

领导者异口同声地表示,表述价值观和目标是最重要的领导职能之一。在董事会和管理议程上,在巡回宣传和研习班中,这始终是重要话题。他们称,公司若能实实在在地融入共同的使命感和价值观,就会带来鼓舞人心的力量,提高能力,解放员工,创造巨大价值。

施乐(Xerox)首席执行官安妮·马尔卡希(Anne Mulcahy)的经典名言被广泛引用,她称企业价值观"在有史以来最严重的危机中拯救了施乐",践行价值观已成为施乐过去几年的五大绩效目标之一。这些价值观——客户满意度、品质和卓越、资产回报最优化、运用新科技引领市场、重视员工、企业公民意识——绝不只是一纸空话。这些价值观伴随着特定的阶段性目标和硬性指标。

我采访的领导者中有十分之九表示,自己坚信价值观能创造价值,在越来越透明、联系日益紧密的世界中也更加重要。他们认为,这些价值观有助于公司参与合作、改善对外形象、降低风险,甚至可以提高营利能力。

理解不同类型的价值观

价值观应在组织中激发理想的行为、道德的行为，激发推动计划实现的行为，让组织上上下下的员工自主做决定。

问题在于，组织不同位置的人往往会选择不同的价值观体系。管理者追求激发高绩效的行为，员工追求改善工作环境的行为，经销商追求赢取并留住客户的行为，董事会追求道德的行为，领导者追求有助于实现未来愿景的行为。这些都应列入考虑选项。

这启发我研究各公司使用的不同价值观类型。我认为，所有想为团队或公司翻新或确立价值观的人都应思考一下价值观分类问题，这样才能为组织确立合适的价值观。

价值观应能帮助公司实现目标。然而，在我看来，大部分组织的价值观都是大杂烩，无法有力地指导员工，同时也和包括竞争对手在内的其他公司毫无区分度。在考虑价值观时，思考一下自己希望达到的目标，希望影响或激发哪些行为。

我认为核心价值观中有 7 个需要考虑的地方，如下为相应层面：

- 底线价值观。
  这些价值观是每个组织都应坚持的。真诚、正直、尊重、创新——公司没有这些还能生存吗？我相信这就是为何英国富时 100 公司都有这几类价值观。每个人都需要团队精神与协作，每个人都需要安全，人人皆需的诉求可以列出一大堆。这些都被我称作整洁价值观，公司当然要有，这是社会对你们的期待，但正因如此，所有公司都不会放过这些内容，也不会花费心思让自己的价值观与众不同。
- 区分性价值观。
  这些价值观是你们组织所特有的，有助于你们公司在市场中体现出区分度。你们公司行事的不同之处在哪儿？你们如何为顾客提

五 价值观的价值

供与众不同的产品或服务？你们的品牌在哪些方面得到了顾客的认可和赞誉？公司需要始终践行这些价值观，始终将其作为在市场上维持品牌承诺的有力筹码。

- **良好工作环境价值观。**

  询问员工，他们认为什么重要，这样就能找到符合员工心意的价值观，既能保证他们尽情施展才华，也能让他们感受到领导的关心和尊重。你也需要这些。

- **高绩效价值观。**

  与管理者沟通交流，大部分人都会为你描述一系列以创造高绩效文化为中心的价值观。他们追求问责制、灵活性、好想法、责任心、创新等。

- **当前价值观。**

  组织始终在发展演变，许多行为会因为种种理由在组织生根发芽。在组织的发展过程中，创始人的个人价值观体系可能会根植于组织，历任领导可能会带入自己的信念，将其植入受这些信念驱动的运营过程中。无论何种理由，组织上下都会有一套真正体现在实践中的价值观。这就是真实的当前价值观，但并非全部合适，也无须全盘保留。你需要明白当前组织中正在践行并影响行为的价值观是什么，哪些是理想行为，哪些应当摒弃，哪些行为不常见却很需要，哪些行为对成功和维系成功来说至关重要。

- **未来价值观。**

  每一个团队、分支机构、公司和组织都有各自的计划。若想进步，就需要设定新目标和挑战性目标，提高生产力，发展新产品和新服务，需要扩展新客户或为现存客户提供新业务。为了实现上述一切，就需要新行为。没有新行为，怎能促进增长？如果这些是新行为，应以怎样的价值观为基础呢？若想激发正确行为，需为组织上下注入哪些信念？领导团队常常无法清晰地认识到，实现新商业计划有赖于新行为，而新行为可能需要全新的价值观来支撑。
- **核心价值观**。

  要从上述这些类别中挑出组织的核心价值观，核心价值观将成为组织各层面指导公司全部行为的深深信念，成为一切决策的道德指南针。核心价值观一旦确立，就是神圣不可侵犯的，绝不可为了便捷或短期收益而妥协。

正如保罗·波尔曼所言，核心价值观应是激发信任、协作和高绩效的价值观。

下一章预告：目标如何创造价值以及该如何测量。

第五章提要

1. 尽管公司千差万别，但大多数企业价值观陈述却很相似，为何这些陈述如此接近？
2. 我采访的领导者中有十分之九称，自己相信价值观能创造价值，在越来越透明、联系日益紧密的世界中更加重要。
3. 领导者一致认为，清晰陈述价值观和目标是领导者最重要的职能之一——永无止境的话题。
4. 令人吃惊的是，大部分高管不会费心对价值观回报进行量化分析，少于半数的领导者称他们有能力测量价值观与收入和增长的关系。这是由于他们没有用心找寻价值观与价值创造行为之间的联系——实际上这是可以测量出来的。
5. 经济收益较好的公司更强调关心员工、为成功而努力以及提高应变能力等价值观——比同行强调得更多。在联系价值观与公司运营方式上，他们也做得更好。
6. 价值观应体现经营底线、区分度，创造良好的工作环境、提高绩效，最重要的是它有助于企业计划的实现。

六
测量目标的价值

满足客户需求，为全体利益相关者创造长远价值

在 21 世纪，公司成功的定义不只是盈利。可持续性成功有赖于组织能否为各类利益相关者创造价值的能力，以及能否有效汇报自己所做出的价值创造。随着互联网的发展，这个世界的透明度日益提高，顾客、雇员、社区和股东都希望了解，公司在实现更广义的目标上到底做得怎么样。

按平均阅读速度计算，阅读本书一整页约耗时一分半钟。

与此同时，脸书（Facebook）上会出现约 500 万条新状态，谷歌搜索多出 45 万次，超过 3 亿封邮件已被发送，约 60 万条新推文出现在推特（Twitter）上，Instagram 又增添了 83000 幅照片，约 7000 万条 Whats App 信息已发送，而 YouTube 又上传了 600 小时的新视频。（假如你真的想尝试看完所有这些视频，就需要看 52 天，每天 12 个小时，这仅仅是你阅读本页时上传的视频呢！）

这些都是网上一分半钟之内发生的活动。人们分享海量信息、见解、新闻和评论、小道消息和杂事，且只会越来越多。这就是数码时代的真实生活，科技正在密切全球的联系，消息更加灵通，人们能接触的内容越来越多。都在一瞬间。

改变商业思维和行为方式

全球化经济联系更加紧密，这使生活在数码世界中的人们更有信心，消息灵通的公众正在彻底改变商业的思维和行为方式。

普华永道（PricewaterhouseCoopers，PwC）为全球最大的专业服务网络，与德勤、安永和毕马威（KPMG）同为四大审计会计事务所。19 年来，普华永道都在采访世界各地的首席执行官，了解他们对领导力、全球经济和重大问题的看法。每年，普华永道会在达沃斯论坛宣布调查结果。2016 年，普华永道采访了来自 83 个国家的 1409 位首席执行官。

介绍调查时，普华永道国际公司董事长丹尼斯·纳利（Dennis Nally）称，首席执行官都明白，科技武装了全球公民，而他们的客户和潜在客户就在其中：

"首席执行官必须明白，这个世界正在经历其他重大趋势带来的巨变，如城市化、全球变暖以及急剧的人口和社会变化。面对这些挑战，首席执行官告诉我们，公司在顾客眼中的形象越来越有赖于他们如何改善社会、如何践行自己的价值观。值得注意的是，近四分之一的首席执行官称，自己的公司在过去 3 年中目标有所改变，更多地考虑到了社会影响。"

丹尼斯·纳利称当今社会的联系日益密切，技术越来越先进，为了满足社会期待，公司正诉诸科技（当然啦）寻求答案。普华永道研究表明，未来趋势是可以预测的，首席执行官将重点关注以下 3 件事。

第一件事是提高技术，因为技术是创新的核心——首席执行官为"数字原住民"的公司能够更加轻松地跟上不断变化的客户期待，灵活创新，更好地吸引投资者。

第二件事是首席执行官意识到了更广泛的利益相关者对公司的期望，尤其是顾客期望。将单纯以营利为目标的公司转变为同时追求利润和目标的公司，实现起来既不会太快，也并非易事，但这个转型已经开始，公司需要跟上节奏。"我们问首席执行官是否赞同 21 世纪公司的成功不仅取决于经济利润，76% 的首席执行官表示赞同，69% 的首席执行官称表示他们已调整组织目标，将更广的社会影响纳入其中。"丹尼斯说道。

第三件事与第二件呈现出一致性——汇报并传达更广义的成功指标。"从理论上来说，在数码驱动的时代中，公司的方方面面都可以测量，可首席执行官仍未掌握测量品牌信誉及优秀企业公民长远收益的方法，"丹尼斯说道，"日后，科技无疑又会成为首席执行官进行有效测量的工具，更好的产品和服务与软性驱动力结合，能够帮助公司长期立足于变幻莫测的世界，软性驱动力包括公司与顾客、雇员以及广阔社会的透明关系等。"

无形资产——成功的真正驱动力

丹尼斯·纳利所说的软性驱动因素指的是那些常被人们称作无形资产的东西。这些是公司看不见、摸不着的资产，如声誉、人际关系和信任。尽管这些难以测量管理，但它们价值不菲。

有形资产是土地、交通工具、设备、机器、家具、库存、股票、债券和现金等可见资产。这类资产随着使用次数增多而贬值，且始终有被损毁或盗窃的危险。

无形资产没有实体，包括人们对商标的好感、网络域名、声誉、人际关系乃至公司文化。这些资产随着使用次数增多而增值，可增加公司未来的价值，但它们同样也是基于感情的——负面新闻可能会对感情产生剧烈影响，引起股价剧烈波动。

世界银行（The World Bank）是一家用资本项目为发展中国家提供贷款的国际金融机构，为联合国体系中世界银行组织的组织成分。减少贫困是世界银行的官方宗旨，然而，根据协议条款，它的一切决定都必须遵循这条承诺指引：推动外商投资和国际贸易，促进资本投资。

这正是世界银行存储世界各地上市公司市值数据的理由之一。世界银行称，据2014年的审计，所有上市公司的总价值，已从2010年的50万亿美元增至66.5万亿美元。

美国上市公司价值为26万亿美元，日本上市公司价值为4.3万亿美元，印度上市公司价值为 1.5 万亿美元，英国上市公司价值为 3.183 万亿美元。

无形资产蕴含 53 万亿美元的价值

若是请教国际会计机构，他们就会告诉你，近 80% 的资产是无形资产。这意味着股市上超过 53 万亿美元的价值来自看不见、摸不着的东西！5 年前，无形资产据估算占 60%；10 年前，据估算仅为 20%——那时上市公司 80% 的价值为有形资产。

这是重大的转折点，可用于解释股市为何如此动荡。投资者惧怕任何可能会对所投资公司造成影响的事情，他们担心公司能否带来投资回报。只有增长，公司才能为投资带来回报。增长与否更主要地取决于无形资产。因此，当前股价呈现的价值有很大一部分与"未来价值"概念相关。

无形资产促进增长，如果没有合适的人才在优秀的企业文化中工作，没有强大的声誉，缺乏公众信任，增长就很难实现。因此，员工态度、声誉和关系都是无形资产。

无形资产是我们经济的关键价值驱动力。如果可以测量无形资产，就能让它更透明化，让投资者更加了解公司增长和创造价值的能力，从而带来未来收益。有识之士都很清楚，若能将一流的管理质量和丰富的经验与战略执行能力、不断解决问题的公司文化结合起来，就可以产生巨大的价值，而这一切，都有赖于积极忠诚的员工来实现。但如何才能测量无形资产呢？

当前，无形资产的汇报模式做得还很不够，这个模式形成于有形资产占公司价值 80% 以上的年代。在管理传统有形资产方面，大部分公司做得都不错。可如今 80% 的价值是无形资产，未来价值主要源自其中，若不能进行有效测量，怎能实现有效管理呢？

比起当前报告模式产生的年代，这个世界已经发生了许多变化。全球化趋势，世界各地政府为回应金融、监管和其他危机而增多的政策行为等，都提高了人们对透明度、问责制和解决环境问题的期望，这就需要新的报告标准。

新报告标准需要包含对公司过去、现在和将来绩效的评估信息，比现存汇报模式提供的内容更为宽泛。战略、监管、运营、财务和非财务绩效的相互依存性很强，需要进一步明确才能展示组织当前和未来的价值创造能力。

非财政问题对绩效有强大影响，如信任问题。

信任是宝贵的无形资产

全球领导者都意识到，世界各地人们的态度都发生了变化，由此带来挑战。人们对公司的态度普遍更为消极，对大公司尤为如此，从而导致资本中的不信任问题。

建立信任很难。若想做出可靠判断，公众往往会难以获取所需的全面信息，他们常常急于判断，做出扼杀信任的单纯假设。媒体添油加醋，社交媒体煽风点火，毫无逻辑性的消极结论四处扩散，尤其是在年轻人中。这些年轻人就是未来的顾客、决策制定者或有权更改管理规章制度的政府官员。当然，他们还是未来的选民。

在前面章节中我已提及，2015 年，爱德曼信用指示表对 28 个国家的 33000 调查对象进行了调研，结果显示信任公司的人少之又少，仅半数调查对象表示信任公司，仅 18% 的调查对象信任公司领导者。

信用下降的主要原因，是大部分人认为公司未能造福大众。与此同时，81% 的调查对象赞同公司应采取措施，兼顾利润和提高所在社区的经济社会环境。

"全美信任"（Trust Across America）是一项旨在帮助组织推动信任行为的全球联合行动。其宗旨为联合各大组织，为增进组织信任这一共同事业而奋斗。每年，该行动都会跟踪调查美国最值得信赖的上市公司效益如何。

"结果简直令人惊讶，""全美信任"说道，"与标准普尔指数的 42.2%

平均收益相比，美国值得信赖的公司在过去的 5 年中创造了 82.9% 的收益。"（标准普尔 500 英文为 "The Standard and Poor's 500"，常简写为 S&P500 或更简化的 S&P，是一种美国股市指数，基于普通股排在纽约证券交易所或纳斯达克的 500 个大公司的市值。）

相比其他公司，值得信赖公司的标准普尔指数几乎是其他公司的两倍，原因多种多样，"全美信任"称：

- 人们对公司的高度信任可吸引新客户、维持老客户，从而带来更多收入。
- 信任可有效防止繁杂昂贵的规章制度，有助于提高效率。
- 信任让员工更乐意加入公司，更专注于高质量工作，提高生产力。
- 信任可以增强商业合作伙伴的合作意愿，推动创新。
- 上述一切，均会让股东更乐意投资，为成功创造良性循环机会。

信任就是资本。它能增加现金流量，提升资本价值，在组织中转化成巨额资金。那么如何才能最有效地增进信任呢？

目标催生信任，提高增长率

全球调查显示，若想赢取信任，公司就必须明确自身目标，表明公司服务于超越盈利的更高目标，让顾客、员工和其他利益相关者充满热情，提供高质量的产品和服务，积极合作、参与社会问题的解决。

国际管理发展研究所（International Institute for Management Development，IMD）是一所位于瑞士洛桑的商学院，为世界最顶尖的商学院和管理学院。最近国际管理发展研究所和全球公关传播公司博雅（Burson-Marsteller）联手，开展了一项深入研究，就企业目标相关性对 20 多家位于欧洲的一流国际公司进行了调查。

国际管理发展研究所的报告显示，欧洲公司的目标表述是基于平衡各方利益相关者的利益或以客户为中心的角度来传递信息。他们称，基于客户的目标陈述往往更具体、更可信，因为这种陈述通过设置合情合理的单一焦点——客户，让组织明确工作的重中之重。

报告指出，在欧洲大公司中，比起公司规模，企业目标的有效沟通与高财政绩效的联系更为积极："我们的研究显示，强大、沟通透彻的企业目标可影响财政绩效，让绩效提高多达17%。如今，成功传达目标的公司更容易获得高绩效——未来，没有目标的公司可能无法生存。"

我在第二章提及，致力于商业转型的安永灯塔研究所最近与哈佛商业评论分析服务联手，就目标对增长、创新和转型能力的影响，采访了全球管理人员。安永灯塔研究所全球负责人瓦雷里·凯勒称，他们发现管理者可在以下问题上达成高度共识：目标不仅重要，如果公司可以清晰陈述目标，还会享有更高增长率，并在转型和自主创新方面更为成功。

安永灯塔研究所研究发现，优先考虑目标的公司绩效优于不重视目标的公司。然而，仅少数公司将目标作为战略和决策驱动力："我们的调查结果表明，这不仅是迫于投资者短期收益压力这种外部因素，也是出于内部因素，如领导不负责、绩效标准方向不一致。"

然而，这群管理者同样认为，制定超越单纯利益追求的企业目标，可为顾客创造更多价值，为社会带来更积极的影响，也能为股东产生更多经济回报。为什么？因为目标驱动型公司能提高员工满意度、顾客口碑及产品和服务的质量。

研究结论是什么？当今公司没有让目标充分发挥作用。这是怎么一回事？许多参与调查的管理人员称，缺乏有意义、能够捕捉跟踪长期价值创造的标准，是打造目标驱动型公司的最大障碍。

目标关乎为所有人创造价值，怎样跟踪长期价值创造最有效

为了更好地理解如何跟踪长期价值创造最为有效，我与时任英国特许管理会计师学会首席执行官的查尔斯·蒂利（Charles Tilly）进行了交谈。

英国特许管理会计师学会是全世界最大的管理会计师组织，拥有来自179个国家的22.7万名会员和学员。它设在英国，提供管理会计和相关学科的培训和资格认证，聚焦于从业会计师，为会员提供持续性支持和培训。

查尔斯·蒂利称，在他从事会计行业的许多年来，公司都将利润摆在顾客之前：

"如今这种情感发生了巨变，现在的焦点主要落在我们该为顾客做什么上。如果我们能做对这件事，创造价值，就能创造利润。实质问题关乎公司更广的目标。我认为，首先要满足客户的需求，才能为全体利益相关者创造长期价值。

"如果公司追求长足发展，就要努力做一名优秀的企业公民，保护好这个世界的资源，确保商业运作所需的资源可持续发展。公司的长期成功可以造福社区和整个世界。"

然而，他提醒道：

"说起来容易做起来难，很快你就会面临测量的问题，只有测量才能深入理解公司带来的更广价值。我们面临的首要挑战是，公司市值的80%都是无形的，看不见、摸不着，仅20%出现在资产负债表上，令人吃惊的是，面对这个变化，会计行业花了很长时间才醒悟过来。我承认，我们的确该遭到严重批评，但让我欣慰的是，特许管理会计师学会就是最先认识到这个变化的机构之一，我们呼吁反省公司汇报系统。

"旧有汇报系统已经不管用了，它只能反映20%的有形资产。我们与美国注册会计师学会（American Institute of Certified Professional Accountants，AICPA）联手，努力寻找测量非财务资产的好办法。"

六　测量目标的价值

公司的价值创造故事 = 竞争优势

如果公司目标是为顾客创造价值，并借此为全体利益相关者创造价值，那么测量目标的实现是否成功——然后汇报给股东和利益相关者——突然就能够转化成巨大的竞争优势。正如我们在第二章中所提及的，股东和投资者呼吁公司在如何创造价值、如何塑造无形资产推动未来长期增长方面加强汇报。

公司各级领导者、创业企业家、公共部门领导者——都需要更好地陈述价值创造故事。"想想看吧，在解释公司的价值创造方式上，汇报是关键，"查尔斯·蒂利说道，"讲述价值创造故事更胜一筹，就会拥有更多竞争优势。想赢取信任、维护声誉，那就需要一个支撑价值创造故事的框架。"

2014年7月，英国特许管理会计师学会联手美国注册会计师学会对会员进行了一次联合调查，与美国、非洲、亚太地区和欧洲的超过350位高管进行了交谈：

- 94%的高管认为，在汇报过程中有效创造价值很重要。
- 仅26%的高管感到所在公司当前的汇报模式能够满足投资者以及其他外部利益相关者的需求。
- 大部分高管认为，当前聚焦的战略计划太短——他们认为，应制定5年或更长期的规划，而不是当前常用的两三年战略行动视野。

大部分高管都对结合财政和非财政信息持乐观态度，认为这种做法毫无益处的仅占极少数。

查尔斯·蒂利说道：

"这项研究让我们与美国注册会计师协会密切合作，真正推动管理会计议程。议程的重要部分之一，是为公司非财务类信息提供测量方法。关键在于，公司领导需要拥有测量财政和非财政层面的标准，以整合方式管理公司。要做到这一点，他们需要综合性更强的财务报表。

"只有那样，他们才能有力地阐释如何创造长远价值，为造福大众做贡献，从而超越纯粹的商业利益追求，造福整个社会。如果想得到信任，就需要透明公开，向顾客透彻展示为何该信任自己，对员工、政府、周边社区、投资者也要报以相同态度。如果会计师可以融合所有这些信息，就能推动所在组织上上下下优化决定。"

整合性报告有助于目标表述

查尔斯·蒂利如此描述整合性报告。首先，它需要解释组织怎样长期创造价值。价值不是靠组织本身来创造的，也不是在组织内部创造的，它深受外部环境影响，是在与不同利益相关者的关系中创造的，同时也有赖于各种资源。一份彻底透明的报告必须呈现出组织使用、受组织影响的一系列资源和人际关系，包括财政、制造、智力、人力、社会和关系以及自然资源。报告中应阐释，组织如何在与上述"资本"的互动中创造短期、中期和长期价值。为了实现整合性报告，资本被分类描述为以下几类：

- 金融资本：组织用于生产货物或提供服务的资金，通过融资取得，如债务股本赠款或从运营投资中产生。
- 生产资本：组织可用于生产货物或服务的实物，如建筑物和设备。
- 知识资本：基于知识，无实体，包括专利、版权、软件和许可，以及知识、系统处理和协议等组织资本。
- 人力资本：指公司员工的能力、资质、经验和动机，包括员工与组织目标和价值观的一致性、执行组织战略的能力、忠诚度以及提高流程、产品和服务的动机。
- 社会和人际关系资本：这些包括与外部利益相关者的关系，如顾客和其他网络，尤其是与利益相关者信任度或与对组织的关注程度相关的。它还包括与组织发展所需品牌和声誉相关的无形资产。最重要的是组织在社会立足的地位。
- 自然资本：包括支撑组织过去、当下和未来繁荣的所有可再生和不可再生的环境资源，包括空气、水、土地、矿产、森林、生物多样性和生态系统的健康。

整合性报告需呈现组织的商业模式、如何汲取不同类型的资本作为输入、如何通过公司行为转化成输出（产品、服务、副产品和废弃物）。这些行为和输出带来的产物，需要参照对六大资本的影响进行评估。使用整合性报告的公司需汇报六大资本结果（积极和消极两方面均需报告），并指出组织及其商业模式的风险和机遇。报告中战略部分需指出组织将如何缓解或管理风险、将机遇最大化。这些都有赖于建立测量监管体系，为决策制定和绩效监管提供参考。

查尔斯·蒂利说："很明显投资者认为这种报告对分析公司绩效更有帮助，它不仅会更好地满足专业投资人士，我相信它也能激励公司内部做出有助于创造长期价值的连贯决策。"

国际整合性报告委员会（International Integrated Reporting Council，IIRC）出现了，这是一个正在生长发展的大联盟，聚集了监管者、投资者、公司、标准制定者、会计机构和会计、非营利性组织。该联盟正在推动将沟通价值创造列为发展整合性报告的下一步。国际整合性报告委员会的使命是推动主流公司在实践中构建整合性报告和思考方式，将这种模式的报告作为公共部门和私有领域的标准。这一做法旨在通过整合性报告和思考的循环、让资本分配和企业行为与更广的经济可持续性和可持续发展目标相一致。

查尔斯·蒂利解释道，国际整合性报告委员会参与了国际整合性报告框架的制定并进行了市场监测，现在我们想实现初步使用该框架的重要转型。

整合性报告有助于优化决定

国际整合性报告委员会于2010年由威尔士亲王发起,首席执行官为保罗·德拉克曼(Paul Druckman)。查尔斯·蒂利也是委员会成员之一,并主持技术攻关小组。

保罗·德拉克曼称,整合性报告试点项目有90多家公司,包括联合利华、可口可乐、微软、香港中电集团(China Light and Power)、现代(Hyundai)和汇丰银行(HSBC)。它还建立了投资者网络,由30多家投资机构组成,通过收集投资者的观点指出现存汇报体系的不足之处,推动框架构建。

保罗·德拉克曼称:

"越来越多的人认为,当代企业在社会中不应仅扮演为股东创造价值的角色,而应设定更广的目标。董事会的管理职能也随之扩展,因此整合性报告日益成为理解沟通广义语境中价值创造的工具。

"公司为什么不寻找与他人沟通自身创造价值的方式,并借此机会加深、丰富投资者和利益相关者对公司的理解呢?公司是价值创造的动力,当今全球社会面临的许多问题都会通过公司得到解决。如果公司自身不努力,或人们没看到它们为所在社区做出积极贡献,就会失去信任,从而失去价值。"

整合性报告已在全球得到初步认可,已有约1000家公司将部分整合性报告原则融入了自己的汇报实践,这些原则对中小型企业和大型跨国企业同样适用。

信号很明确:公司若想获取信任和长期发展,就要明确目标,测量并沟通自己如何服务于超越利润的目标,在与顾客、员工和其他利益相关者的沟通中做到敬业、透明,热情参与到社会问题的解决中去。但实现这一切的前提,是提供顾客需要、令人满意的高质量产品或服务。

先找到顾客,再创造价值。做到上述各条,就能更轻松地引来放眼未来、愿意帮助企业实现长足发展的投资者。

下一章预告：来自一线的故事——领导者是如何利用目标、价值观和挑战性目标推动成功的。

> **第六章提要**
>
> 1. 全球首席执行官达成共识，越来越多的顾客会基于公司更广的目标——如何造福社会、如何践行价值观——来评判公司，但他们仍未掌握测量品牌信誉及优秀企业公民长远收益的方法。
> 2. 全世界上市公司市值达66.5万亿美元，其中近80%是无形资产。这意味着股市上超过53万亿美元的价值是看不见、摸不着的！
> 3. 员工敬业度、公司声誉和人际关系都是无形资产，这些资产是我们经济的主要价值驱动力，而所有这些资产都会受目标影响。
> 4. 当前的汇报模式诞生于有形资产超过公司价值80%的年代，不足以汇报无形资产。
> 5. 公司领导需要完整的财务和非财务衡量标准，才能以更加整合的方式经营公司。为此，他们需要整合性更强的财务报告，只有这样才能有力地讲述长期价值创造的故事，实现更广泛的目标。
> 6. 整合性报告在全球正被更多人所接受，已有约1000家大型企业及中小型公司将整合性报告原则融入了自己的报告实践中。

第二部分

明确目标：用目标引领团队

七
从生存到繁荣

长期愿景的重要性

长期愿景让员工产生安全感，从而极大提高他们的敬业度。如果你希望增强员工的目标感，就要大胆为他们设定 10~20 年的目标——大胆到足以从今天起就有紧迫感，如果你希望改变世界，最好从现在开始。

我常常听到公司领导者抱怨，由于投资者沉迷于季度利润增长率的短期压力，无法确立长期愿景。他们称，这些强大的短期主义会对企业行为产生消极影响，让领导者无法为长期增长而投入，最恶劣的情况下会引发丑闻、导致污染乃至带来贫困。

2007—2008 年出现了一次前所未有、艰难持久的大衰退，许多人责怪全球金融机构股票暴跌，这正是因为短期主义和贪婪。

我采访的一些领导者说，你必须与这种力量抗衡，尽量吸引一些和自己一样面向未来、愿意确立长期愿景的投资者。为此你需要大胆、坚定立场，需要有力地讲述你们的计划将如何创造长期价值。

我曾和许多私有化公司的领导者共事，遇见那些不为季度报告驱动的投资者时，他们都会如释重负。尽管他们仍需要为投资者创造利润，但至少有足够的时间，无须以牺牲组织的未来为代价。

人们往往会认为，追求短期利润是所有投资者的需求。的确如此，但正如我在第二章中所提及的，许多投资者也持有不同的观点。

最近，世界最大的投资商向美国和欧洲公司领导者发表了公开信，呼吁规划长期愿景，更明智地为未来增长投资，在企业报告中更透明地汇报真正的增长驱动力。这位愿意规划长期愿景的投资者，便是全球投资管理公司贝莱德（BlackRock）的董事长兼首席执行官劳伦斯·D. 芬克（Laurence D. Fink）。该企业成立于1988年，位于纽约，管理资产超过4.5万亿美元，世界最大投资商非它莫属。

拉里·芬克（Larry Fink）有一句名言，短期主义不只是商业问题，也是政治问题。他称，对贝莱德的客户来说，为长期增长投资很重要，他们大多是为退休或其他长期目标而存款的。他说，实际上这对整个全球经济都很重要。

当今公司没有为长远增长而投资

拉里·芬克在致美国和欧洲公司领导者的公开信中写道：

"尽管我们听到许多企业领导者对长期愿景表示强烈支持，但如今仍有很多公司仍在采用可能会伤及长远投资能力的做法。2015年，标准普尔500公司分红达到2009年以来收入比例最高值。2015年第三季度末，股票回购在12个月内提高了27%。我们当然支持将多余现金归还股东，但这不能以牺牲创造价值的投资为代价。

"我们呼吁每位首席执行官每年向股东展示长期价值创造的战略框架。除此之外，由于董事会在战略规划中扮演着重要角色，我们认为首席执行官应确保董事会也关注这些计划。与公司合作时，贝莱德企业监管团队会重视这种框架和广阔视野。"

拉里·芬克认为，在年度致股东的信以及其他与股东沟通的渠道中，常常过分关注回顾过去，对管理愿景和未来计划却所言甚少。然而，这种未来视野才是投资者和全体利益相关者真正需要的。比如，公司探索竞争形势的进展、创新的进展、面对技术问题或地缘政治事件将如何调整适应、投资侧重点以及人才发展战略。为此，公司还应努力制定适用于每个公司、每个产业的财政标准，用于支持长远增长框架。他提议应将长期回报的要素与这些标准联系起来。

拉里·芬克解释道，投资者目光短浅，原因之一是公司没有充分阐述自身运营的生态环境、竞争威胁以及科技和其他创新对公司的影响。不能清晰地表述计划，公司就可能会让长期投资者失去信心。

"有了表述清晰、便于理解的长期计划，季度收入报告便会从短期主义工具转化成长期行为的基石。它们将变成公司清晰的'心电图'，说明公司在价值创造的长远计划中会有怎样的表现。"拉里·芬克写道。

拉里·芬克没有就此停笔，他称在美国和其他国家，政客常常认为"长期"即下一选举周期。这种态度腐蚀了国家的经济基础，我们更需要愿意走长期价值创造路线的公务员。

为股东创造价值，但也向股东索求价值

我参加过最有趣的讲座之一，是来自消费品公司联合利华首席执行官保罗·波尔曼于2012年在营销学会举办的讲座。他称，领导者需要转变思考方式，从单纯为股东创造价值，转变为向股东索求价值。

他认为，消费者从未像今天这样先公司领导者一步，他们采用新方式的速度比公司更快。消费者从未像今天这样置身于强大的联系之中，从未如此有力，他们寻求变化的速度比公司和政府能实现的速度要快得多。正是这些顾客在定义或消灭市场，正是这些顾客在设定道德标准，正是这些顾客在呼唤变化。顾客会选择为社会做贡献，而不是仅仅向社会索取的品牌和公司。曾经能赢取信任的筹码，如今不一定奏效。他认为，有一点很明确，绩效和目标都是当今的公司所需要的。

保罗·波尔曼说，要想成功，公司就要更开放、更透明，设定共同目标。这与我做的研究有异曲同工之妙，一份又一份研究报告显示，与顾客

和社会拥有同样的目标,是最让员工骄傲的。做重要、有价值的事情——也被外部受众看见——在员工敬业度和动机中起关键作用,领导者若能说明员工个人工作是如何为这个目标做贡献的,效果更佳。

但这还不够。如果无法持久,做自己认为正确的事情也毫无增益。最好可以将自身目标与一个具有震慑力的长期大目标结合起来,这样就可以兼顾未来长久发展与更高利益。

从生存到繁荣

长期愿景能让员工产生安全感,正如神经系统科学所证明的,它对员工的创造力、合作意愿和付出自发努力的意愿都有强大的积极影响。受到威胁时,员工会做出消极行为,给组织带来麻烦,这其实完全可以理解,乃人之常情。长期愿景是增强员工目标感的要素和解决方式,要与有力的目标陈述、强大的价值观以及挑战性目标结合起来使用。

在我为本书写作所采访的 30 位领导者中,有 6 位以临危受命挽救组织而著称。这些领导者显然都在不同情况下制订并执行了应急计划,且总是迫切地走进使员工感到不再受威胁的状态,随后迈入更安全的长期发展阶段。

"求生存是一回事,求繁荣是另一回事。"欧洲顶尖家庭医药服务供应商 Healthcare at Home 首席执行官娜塔莉·道格拉斯(Natalie Douglas)评论道。她的公司曾遭遇灾难式的信息技术崩溃,无法为在家中疗养的病人提供急需的药品,娜塔莉·道格拉斯首先启动了周转期,但她尽快向员工描述了更鼓舞人心的长期愿景。

他们的长期愿景表述为:"为世界数百万家庭带来激动人心的家庭健康护理服务。"娜塔莉·道格拉斯和她领导的团队并不只是谈论愿景,还探讨了为实现远大抱负所需达成的战略目标,组织内部迅速士气高涨。娜塔莉·道格拉斯说,在陈述长期愿景时,他们收到了数百份员工反馈,其中有一份这样总结道:"谢天谢地,公司还可以继续生存。我们爱自己的工作,这真的很重要,有一个大家共同相信的计划,真的很棒。"从此以后,这个公司变得越来越强大。

安德鲁·斯沃菲尔德(Andrew Swaffield)在英国一流的独立旅游公司君主航空集团(Monarch Airlines Group)担任首席执行官,对他来说亦是如此。他回忆起从破产边缘拯救公司的经历,他们距离破产仅几小时之遥。为此,他不得不请求内部员工做出巨大牺牲,其中包括减少薪资津贴以及裁员项目。

他说尽快让员工看到鼓舞人心的未来图景非常重要,员工需要知道自己的牺牲是有价值的,知道自己在为有价值的事情而奋斗。

安德鲁·斯沃菲尔德将公司的长期愿景设为:"成为欧洲口碑最好的航空集团。"他明白,实现这个愿景需要很长时间,但他同样明白,大家都愿意帮助他完成。这个目标也是可测量的、可企及的——并非遥不可及。

黛比·休伊特(Debbie Hewitt)是莫斯兄弟(Moss Bros)公司的非执行董事,该公司是英国数一数二的男装品牌,有超过150家门店,公司愿景是让门店遍布全球。黛比·休伊特就任时,公司需要进入周转期以求生存。面对如此重要的问题,鼓舞人心、让员工热情投入工作就算不上当务之急了。但周转期一见积极成效,领导团队就立即开始陈述长期愿景和激动人心的目标。

尽管公司的长期愿景是成为最优秀的男装专家,但激励员工为各地顾客提供优质服务才是最重要的。为此,他们将目标设为"让男人感到不同凡响"。选择这样的目标陈述,是为了激励柜台员工表现得更加出色,希望这句话与员工基因产生共鸣。他们的愿景就是激动人心的目标,未来可用作判断目标是否实现的标准。

目前,莫斯兄弟的收入和利润已有显著提高。

愿景和目标相辅相成

另一例来自英国维珍大西洋航空公司(Virgin Atlantic)的首席执行官克雷格·克里格(Craig Kreeger)。他受命于危难之时,既要扭转局势,又不能损害品牌和职业道德：

"很快，我就发现扭转公司局势用不了太久。我明确地告诉员工，这为期两年的周转计划，我们很快就能再度赢利，很快就需要考虑未来的长期愿景了。我希望他们明白，恢复只是短时间内的重点。

"业务恢复后，我们很快就转向制订长期计划了。我们要从求生存转向求繁荣。令我们无比骄傲的是，历经30年，我们的航空公司依然存在。但我觉得这种自豪感的关注点不对，我希望员工别再为生存而骄傲，而是为胜利而骄傲。"

克雷格·克里格和他的团队很快就制订了求胜计划，将公司抱负描述为："成为顾客最爱的航空公司。成为独特的维珍大西洋公司，我们就能实现这一抱负。"

获得长期发展的关键，是选用与员工产生共鸣的目标陈述，让员工在所有决策中都能找到焦点。目标需要能够表达组织文化，而这种文化的关键在于，让每位成员都能认真地服务每位顾客。"经讨论，我们对使命陈述达成一致：'拥抱人类精神，让它自由飞翔。'长期愿景和目标陈述需要携手同行。"

克雷格·克里格说道："对我来说，目标陈述不只是嘴上随便说说。我们还要确保所做的一切决策都与总体目标保持一致，尤其是在顾客诉求和员工待遇方面。"

从乘客满意度、收入到营利能力，维珍大西洋航空公司在所有可见标准上都再次取得积极进步。

可持续性与繁荣潜力

我采访的领导者都热衷于打造这样的环境：以人为本对待员工，让员工感到自己代表的公司正在繁荣发展。仅有维生能力是不够的，更胜一筹的概念，是打造一个让公司、顾客、供应商、股东以及所在社区可以共同繁荣发展的环境。

然而，尽管当今大部分公司的目标陈述都提及要实现可持续的长期成功，但正如拉里·芬克所言，他们并没把计划和分析放在股东面前，说服股东。不过，"可持续"这个说法仍侧重于防御性，无法捕捉到我从许多领导者和员工那里听来的精辟论点——他们更想做一些有助于繁荣的重要工作。

字典对"可持续"的定义是这样的：

可持续：能够保持在一定速率或水平。

这些以及我采访的其他许多领导者都提出了一个重要想法：将可持续作为长期成功目标，是否不够有抱负呢？

"繁荣"一词所蕴含的心理状态比"可持续"更为积极，如果使用得更广泛，就能带来更多积极有益的行为。这是字典对繁荣的定义：

充满活力地增长：蓬勃发展；
获得财富或财产：兴旺发达。

预计 2050 年全球人口将达到 90 亿，若想创造繁荣世界，公司就需要努力创造繁荣社会和繁荣地球。这就是生存和繁荣之间最大的差别。思考可持续性仅代表减少负面影响，绝不能让组织和员工动力十足地大胆思考如何实现全球繁荣。

思考该问题的中心之一，是繁荣能力基金会（The Thrive Ability Foundation），这是一家英国的注册慈善机构，其使命为支撑繁荣能力指数发展，让公司和公民社会以及投资者决策制定者规划并选择到 2050 年能实现的绿色包容性经济商业模式。繁荣能力基金会将促进主要决策制定者努力让组织内外每位主要利益相关者的"繁荣能力"最大化，他们也会鼓励公司领导者从长远考虑，从今天起采取行动构建更加繁荣的未来。

大胆描述 10~30 年期愿景

马克·泰勒（Mark Taylor）教授是华威大学（University of Warwick）研究单位华威商学院（Warwick Business School）院长。华威商学院是世界上最负盛名的商学院之一，治学严谨。学院长期以来就拥有国际视野，因此校友遍布全球，在企业、政府和学术机构担任领导岗位。说到长期愿景问题，马克·泰勒教授表示，有效的愿景应该"够不着却看得见"。

他指出，你需要让组织成员畅想实现计划的美妙图景，但这个愿景也不能在短期内实现或近在眼前。如果明年或 5 年后就可以实现，就不算愿景了。愿景应是面向未来的目标，应是令人兴奋、激动人心、鼓舞士气的，非常具有挑战性。如果你无法想象自己的团队实现愿景，那么不管多努力，可能它都是"遥不可及"的，或不适合你的组织，或与组织的热情、目标、价值观和信念不符——也可能太有野心而无法实现。

"够不着却看得见"也可以很好地概括管理咨询师、世界知名作家吉姆·柯林斯（Jim Collins）的"宏伟大目标"（Big Hairy Audacious Goal，BHAG）。他与合著者杰里·波勒斯（Jerry Porras）在畅销书《基业长青》（Built to Last）中写道，宏伟大目标提倡公司设定更富于策略性和情感驱动力的宏观目标。他称，许多公司在设定目标时描述的是希望在近期、数月或几年之内实现的，这种目标虽能帮助员工更有效地沟通合作，却多半是权宜之计，驱动力不足，无法清晰地成为团队精神的催化剂。

宏伟大目标必须是大胆的 10~30 年目标，清晰有力，且有明确的终线。它们既可以是定性的，如福特汽车公司（Ford Motor Company）的"让汽车大众化"；也可以是定量的，如沃尔玛的 1990 年愿景，力争在 2000 年成为资产 1250 亿美元的公司，该愿景不但实现了，还超出了期望值。

柯林斯的"宏伟大目标"拥有独特的力量，它可以让公司不拘小节。

宏伟大目标改变时间轴，同时也能产生紧迫感。这看似悖论。他说，显然，宏伟大目标不是三五年就能实现的事，可能至少要花10年或许30年。正是由于它很大、很大胆，所以虽说是长期目标，实际上却可以产生紧迫感。如果你想改变世界，最好从现在开始。要想实现大目标，唯一途径是带着绝对的投入、狂热和势不可当的紧凑感和专注，从今天开始，明天继续，后天，大后天，持续365天，然后再坚持3650天——就是这样实现的。这也是激发员工目标感的好办法。

吉姆·柯林斯说，宏伟大目标的另一功能，是推动建设出色的团队和组织。长期目标的另一特征是，它无所谓领导者换届。即使员工不忠于现任领导者，他们也会忠于目标。领导者的职能即做公司的好管家，不断提高公司实现长期愿景的能力；换言之，增强公司繁荣的可能性。

长期愿景和目标的区别

大多数公司都有长期愿景陈述（想实现什么）和目标陈述（为何存在）。

君主航空有自己的宏伟大目标，他们将其视为指南针。该公司希望成为"欧洲口碑最好的航空集团"，这是一个需要10年或10年以上才能实现的目标，但是可以测量。然而，它的目标则更加有感情，表述为："展现我们的关爱。"这个目标深入团队人心，是他们的核心价值观之一——他们要在每一次航行中赢取赞美、忠诚度和口碑。这是他们为了实现宏伟大目标，每天在航线上做的事情。

露易丝·梅金女爵（Dame Louise Makin）是BTG有限公司（BTG plc）的首席执行官，这是一家致力于研发销售重症监护、癌症和其他疾病产品的国际专业健康护理公司。BTG有限公司总部设在伦敦，发展迅速，在全世界有超过1200名雇员。它由三个独立运营的方向组成：介入医学（肿瘤、心血管和肺病产品），特种药物（解毒剂产品），授权（授权资产收取专利使用费）。

露易丝·梅金女爵于2004年接任首席执行官。讽刺的是，虽然BTG

的产品旨在帮助医师进行微创手术,但是露易丝·梅金女爵却需要操刀大手术。2008年裁员后,公司仅剩57人,但此时仍有来自专利和其他途径的稳定收入源。规模缩小后,BTG有限公司变得更加灵活,也拥有可用于投资的专利使用费。它依然保持着对健康护理领域各类机遇的好奇心和开放态度,这对构建竞争优势很有帮助。那一阶段,领导团队也不知道到底将走向何方,但他们明白,如果想成功,就要与目标相符。

"我们想做有意义的事情,建设一家被人们尊重的公司。我们意识到,要想有意义就得做大。扩大规模并不难,但我们需想要出一个真正具有挑战性的目标,告诉员工我们要大步向前迈进,因为我们有远大目标,"露易丝·梅金女爵说,"我们当时和现在的目标都是进入富时指数100(伦敦证券交易所市值最高的前100家上市公司股票指数)。我们当时的市值约为3.5亿英镑,那时跨入富时指数100的门槛是20亿英镑,所以算是个大目标。"富时指数100的门槛一直在提高,现在更高。

"但规模对员工来说力度不够,"露易丝·梅金女爵说,"更重要的是,它必须真正对全体利益相关者来说都有意义——病人、顾客、健康护理体系、员工和投资者。我们白手起家,我们想为这个世界做有意义的事情。"她说道,"我们的核心目标,是为治疗条件还不太够的病人改善状况。这需要我们确认尚未得到满足的健康护理需要,研发创新产品,生产一流产品,然后直接出售或通过合作伙伴卖出去。这就是每天唤醒大家起床奋斗的事情。"BTG能否闯入富时指数100(长期目标)只是简单的测评方式,评估目标实现得如何。

实现长期愿景后,再确定新愿景

默林娱乐集团(Merlin Entertainments)是一家娱乐公司——每年都有超过6000万游客光顾默林旗下遍布四大洲23个国家的超过100处景点,知名景点有海洋馆(Sea Life)、杜莎夫人蜡像馆(Madame Tussauds)、地牢探险(The Dungeons)和乐高乐园(Legoland),还有像可口可乐伦敦眼

（Coca-Cola London Eye）、悉尼塔眼（Sydney Tower Eye）、黑池塔（Blackpool Tower）、奥尔顿塔（Alton Towers Resort）。

尼克·瓦尼（Nick Varney）从1999年起开始担任默林娱乐集团的首席执行官，之前任瓦登观光（Vardon Attractions）总经理。尼克·瓦尼在观光领域有超过22年的从业经验。他说：

"我们公司的总体理念就是将人们从繁杂、不时还遇到麻烦的日常生活中解放出来，放进一个不一样的魔法世界。我们公司从1999年的400名员工发展到今天的2.4万名员工。我们都有同样的目标，那就是为人们提供难以忘怀的经历。

"让我们每天起床奋斗的念头，是为人们创造魔幻经历，正是这个共同目标驱动了公司的增长。然而，我们的目标不同于长期愿景。1999年，我们说自己的宏伟大目标是成为全球游乐公司前10名。当时几乎有点儿不可能，但是如今我们排名世界第二了。我们目前的宏伟大目标是成为第一，即超过迪士尼（Disney）。他们不会再超越谁了，他们只有老鼠。如果我们对自己的公司充满热情，为什么不追求最大最好的呢？"

尼克·瓦尼为默林设定的另一个挑战性目标，是被人们视作世界上最棒的公司之一，和谷歌或亚马逊那样。"我们想成为各方面都很出色的公司，成为世界最好的公司之一。"他说道。

定性的长期愿景

安东尼·汤姆森（Anthony Thomson）是一位连续创业者。他是金融服务论坛（Financial Services Forum）创始人之一兼董事长，该论坛是为金融服务业高管而设立、基于会员的社区。他也是MoneySpinners创始人之一，该组织为金融服务业管理人员创立，设有为善事筹钱的年度循环项目。他还是Metro银行（Metro Bank）创始人和前董事长，该银行创办时为英国

150多年来第一家大型银行。他同样也是 Atom 银行（Atom Bank）创始人和董事长，该银行立志成为全球第一家完全电子化的银行。

Atom 银行是新型电子银行系统，由审慎监管局（Prudential Regulation Authority，PRA）授权，接受金融行为监管局（Financial Conduct Authority，FCA）监管。该银行采用领先科技，提供基于应用软件的用户体验。Atom 银行位于英国，没有任何分支机构，客户可以在任何时间通过手机办理银行业务。该银行称，他们将第一个真正替代传统大型银行。

安东尼发起 Metro 银行，是从这一概念出发的：人们想从银行获取价值。"银行以为这只是说钞票问题，但深挖数据，不难发现顾客很关心服务、便捷和透明度，还有服务的连贯性。这就是 Metro 银行的出发点。"他解释道。

"深入观察当今形势，你会和我一样发现30年间顾客数据发生了翻天覆地的变化，从基于分支的传统银行业，到电子银行，尤其是手机。对我来说，这数据显然预示了未来走向。

"我坚信公司的目标是为顾客提供更好的产品、服务或体验。如果你们公司管理得当，那服务管理就能够作为副产品，获得盈利，我认为，现在大家之所以对公司非常不满，尤其是对银行业，主要是因为公司忽视了这个想法，认为自己的公司只需要为股东赚钱。

"因此，我们开办 Atom 银行的目标是：彻底改变银行业。我们说的是永久性改变，让它变得更好。不过，如果你想拥有一个让员工深吸一口气、为之一振的愿景，就需要足够大胆。所以我们提出的愿景，是成为世界上第一家心灵感应银行。这意味着两件事。首先，它意味着我们要走在技术前沿，提供随心所欲控制设备的体验，从而让顾客完全掌控自己的银行业务。在我有生之年，这也许能实现，也许还实现不了。其次，这还意味着我们要使用数据分析，了解人们的需求，比用户本人还了解他们自己，这样才能预测他们的真实需求。

七 从生存到繁荣

"大部分人每周只看一次银行业务需求，而我们每周、每天都要分析数据，培养我们预测客户需求的能力。因此，我们说 Atom 银行是未来银行。实际上，这就蕴含在我们的名字中，Atom 指的是，我们离顾客的距离绝不会超过一原子（'atom'为原子之意——译者注）。"

改变世界

思科（Cisco Systems）是一家总部设在加利福尼亚州的科技公司，他们也有定性长期愿景。该公司设计、生产并销售互联网设备。它销售的是平淡的路由器和转换开关、安全和监管系统、语音和会议系统、无线网接入点和网络存储系统。

更简单地说，思科设计销售各类产品，为设计、连接世界各地的网络提供服务和整合性解决方案，推动互联网建设。在过去的 30 多年中，它在联系人、事和技术方面——增进彼此之间以及与互联网世界的联系，始终处于世界领先地位。公司在全球设有 400 多处办公室，员工有 7 万人。思科的名字源于旧金山市英文单词（San Francisco），标志上是金门大桥的两座塔。

菲尔·史密斯（Phil Smith）是英国和爱尔兰思科的董事长。30 年来，他始终关注信息传播技术产业动向，领导着英国和爱尔兰约 5500 名思科员工。他还担任创新英国（Innovate UK）和技术合作（The Tech Partnership）的董事长，也是商业缺陷论坛（Business Disability Forum）、科技基金会（Foundation for Science and Technology，FST）及英国大学和商务中心（National Centre for Universities and Business，NCUB）理事会成员。他还担任信息经济委员会（Information Economy Council）下属未来科技和基础设施工作组（Future Technologies and Infrastructure Working Group）的联合主席。2013 年 12 月，菲尔被《计算机周刊》（Computer Weekly）誉为英国信息产业有影响力人物第五名。

119

领导力法则：如何用目标打造充满活力的团队

他说道：

"在思科，5年多前我们见证了联系人们、流程、信息和事物对组织和国家产生的影响。如今，纵观全局，顾客的首要大事是用科技驱动增长和生产力、管理风险、赢取竞争优势。

"在数码时代，数据及其内含就是我们顾客最重要的战略资产，越来越多地分布在顾客组织和生态系统的方方面面。保障数据安全的能力，加速、自动化和分析数据的能力，对顾客的成功发展具有决定性作用。

"2015年，思科30岁，我们见证了下一波互联网浪潮来袭的转折点。下一波浪潮的威力将会是第一波的5~10倍。未来几年，将有500亿设备上线联系，网络与思科具有前所未有的关联性和战略意义。我们的愿景是改变这个世界工作、生活、娱乐和学习的方式。这是很大且很大胆的愿景，我们要让世界变得更美好。"

菲尔进一步解释：

"科技公司提供的设备一般都安置在数据中心的柜子、布线室等里面，你基本上可以直接站出来说，我们要提供最好的布线系统。不过，思科其实有着改变世界的远大理想。我们的意思是，我们不仅是为医院布线，还会因此改变医院员工的行为，让他们更好地照料病人，这对大家来说都很重要，我们要促成这一点的实现。

"这就是我们激励组织员工思考的方式——我们如何才能通过自己的产品和服务提高顾客的效率？并不是说要让人们用电脑做更多事情，而是如何通过加速、简化无用而耗时的程序，让电脑和连通性能简化人们做事的方式。"

思科于1984年12月成立，如今每年创造490亿美元收入，市值超过

1300 亿美元，还跻身世界最具价值品牌前 20 名。

鉴于一系列积极、创造价值的理由，领导者需要设定长期愿景。首先，从长期来看，它能够为投资者和利益相关者提供支持公司发展的清晰理由，表述清晰的长期愿景同样有助于避免贬值的短期追求过度利润的行为。其次，它能够增强员工的目标感和安全感，从而提高员工体验和绩效。领导思考设定目标框架时，要考虑具有挑战性的目标、有力的目标陈述以及能够催生正确文化的价值观，价值观创造文化的相关内容会在后文中出现。除此之外，还应注意，要让目标与每位成员都能产生共鸣。这几方面相结合，有助于增强员工的目标感，驱动正确行为，提高绩效。

下一章预告：为何目标陈述应聚焦于顾客。

第七章提要

1. 短期商业规划侵蚀各国经济基础，公司领导者必须思考、确定并沟通传达长期愿景，制定与全体利益相关者共同关心的目标。
2. 脑科学证明，长期愿景有助于员工提高绩效。
3. 领导者应思考如何为公司和社区创造繁荣，而不仅是创造"可持续"的未来。"繁荣"一词更具感召力，有助于驱动正确行为。
4. 长期愿景既可以是定性的，也可以是定量的，无论选择哪一种，都应该足够大、足够大胆，这样才能催生紧迫感乃至更大的公司目标感。
5. 长期愿景要描述如何让世界变得更好，要非常大胆，让组织成员今天就有紧迫感——"如果我们想要造成这种重大影响，那就需要全力以赴，从今天开始"。

八
真实的目标

从关注顾客开始，认真关注组织内外的人

确定共同目标是领导者的关键任务之一。战略和实践一直需要适应日新月异的世界，但目标始终保持不变。研究表明，将目标聚焦于让顾客生活得更美好的领导，更容易激发真正以顾客为中心的员工，这些员工努力工作，就可以留住顾客，在市场竞争中取胜。只有满足顾客需求，公司才能实现更广泛的目标，为全体利益相关者创造价值。

4年多来，我都在询问公司领导者——问过150人以上了——在他们心目中，公司的目标是什么。正如你所料，我听到了各式各样的回答，大致可归为四类：股东目标、顾客目标、社会目标和更高目标。

很多受访者仍坚持"股东目标"，这个观点源自1970年芝加哥经济学派（Chicago School of Economics）的经济学家弥尔顿·弗里德曼（Milton Friedman）。他称，公司的目标是让股东利润实现最大化。当时，包括美国总统罗纳德·里根（Ronald Reagan）和英国首相玛格丽特·撒切尔（Margaret Thatcher）等在内的政界领导人都支持弗里德曼的观点，该观点聚焦于这一理念：在自由市场，专心赚钱就能解决众多问题。

的确，综观许多公司当前的目标陈述，仍是如此表述的。现在，有一些公司可能已开始宣称，有必要为全体利益相关者创造价值，但他们的首要目标仍保持不变：股东价值最大化。通用电气（General Electric，GE）前首席执行官杰克·韦尔奇（Jack Welch）就可谓这一目标的代表。据称，通用电气在他1981—2001年的任期中，价值提升了40倍。据说他离开公司时收到了4.17亿美元遣散费，这是遣散费最高历史纪录，占他预估净值7亿多美元的很大一部分。杰克·韦尔奇曾说过"股东价值是全世界最蠢的想法"，听到他是这么说的，人们一定会无比惊讶。何出此言？他称，这是结果，不是目标。

高于利润的目标

有些领导者聚焦于"顾客目标"。他们称自己相信彼得·德鲁克（Peter Drucker）的定义，彼得·德鲁克是一位美国管理咨询师，其著作影响了许多家公司。他常被描述为当代管理学之父。他说："如果你想了解公司是什么，就要从目标开始。目标必须在公司之外。实际上，目标必须在社会之中，因为公司和企业是社会的器官。有效的公司目标定义只有一个：找到顾客。顾客是公司的基础，是公司存在的理由。唯有顾客能提供就业。社会将财富创造的资源委托给公司企业，就是为了服务顾客。"

正如刚卸任英国特许管理会计师学会首席执行官的查尔斯·蒂利所言：公司的目标"首先是满足顾客需求，以此为所有利益相关观者创造价值"。这一观点为以下两种看法架起桥梁：一是聚焦顾客，二是公司需要服务于更广的目标。

这些领导者讨论的"社会目标"（或利益相关者目标），称公司目标是为全体利益相关者创造价值，包括顾客、员工、供应商、当地社区以及投资者，如果能做好这点，与此同时保护好环境，金钱和利润就会随之而来。这些领导者说的是三重底线——人、地球和利润。

第四种领导者称，每个公司都应为"更高目标"驱动——公司为满足人类需求找寻解决方案的目标。他们称，医生和护士赚钱，但他们的工作目标是治病救人。飞行员赚钱，但他们的工作目标是飞行。建筑师赚钱，但他们的目标是造房子。这些领导者认为，称商人只想赚钱是一种谬误。

他们有志于为人类所面临的问题寻求解决方案，这些问题既包括平淡无奇的问题，如为臀部提供柔软的卫生纸，也包括更大的问题，如治疗癌症。他们称，公司是为了创造繁荣，繁荣的测量方式是人类问题解决方案出现的速度率。顾客会来的，利润也会来的。

每个公司都是为了解决某个问题而生，如果将好想法转化成产品和服务的速度较其他公司更快，满足人们日益增长的需求，就会取得成功。这些领导者称，人们若能将公司视为解决社会问题的力量，而不仅是为股东创造回报的工具，公司的日子就会更好过。这样能让公司更好地平衡多重利益相关者的关切，同时将重点转向长远投资——人类面临的问题很少有几个月就能解决的。

这场关于目标的讨论已持续了数十年。在进行企业目标意义的研究时，我很快就遇到了美国公司管理者、管理理论先锋、作家切斯特·巴纳德（Chester Barnard）。他的里程碑式著作《经理人员的职能》（*The Functions of the Executive*）出版于1938年，他在其中提及，只有以下3种条件同时满足，公司才能组建起来：（1）人们互相沟通；（2）人们要完成任务或行动；（3）全体带有共同目标。他将确定共同目标描述为领导核心职能。倘若没有团队成员的共同目标，往往就不愿合作，只有设定共同目标才能激励个体合作。

《基业长青》（*Built to Last：Successful habits of visionary companies*，1994）的作者吉姆·柯林斯和杰里·波勒斯称，可以维持长期成功的公司始终有不变的核心目标与核心价值观，但战略和实践则会不断适应变幻莫测的世界。他们称，出色的愿景框架可提供两个关键点——核心思想体系（目标和价值观）以及憧憬的未来图景（生动大胆地描述挑战性目标）。目标无须描述组织的输出或结果，也无须描述目标客户群——它是整个组织的灵魂。核心目标的关键作用之一是引导和激励，提供存在的首要理由——即对"我们为何存在？"的共同理解。

使命与目标有所区别

我与领导者讨论目标时发现，他们常把"使命"与目标混为一谈：窃以为不妥。我认为公司的使命陈述与目标不同。使命描述的是组织做什么（或不做什么）。

我眼中最理想的使命陈述，来自空中客车公司（Airbus Group），其首席执行官汤姆·恩德斯（Tom Enders）之所以放弃了公司的一些部门，是基于这个简单的想法："我们让它飞起来。"这是一家欧洲的跨国航空航天和防御公司，总部设在图卢兹，他们打算将不从事设计、制作、出售飞行物的部门全部出售，从此专注于航空航天解决方案运营，无论是民用飞机、卫星、直升机、导弹、滑翔机还是无人机。在这种语境下，"我们让它飞起来"就是简单却有效的使命陈述。

全球会计公司也许会将使命设为："我们为全球顾客提供审计、保险、税务和咨询服务。"但这条使命陈述只是简单摆出事实，说明公司在做什么、出售对象是谁。这种陈述很难激励员工，主要是由于无法捕捉公司提高大众生活的概念——而这对员工来说却是主要驱动力，正如前面章节所提及的。在我看来，这就是优秀目标陈述的精髓——不解释公司做什么，而是俘获顾客的心。目标陈述和使命陈述，两个你都需要！

设定顾客目标的公司出类拔萃

宝洁公司（Procter & Gamble）前市场部全球负责人吉姆·施腾格尔（Jim Stengel）撰写了畅销书《增长》（Grow，2011），他为此展开了史无前例的长达10年的增长研究，使用的是Millward Brown Optimor全球数据库中超过5万种品牌的数据及补充研究。（Millward Brown是一家英国跨国市场研究公司，专注于广告有效度、媒体和品牌资产研究。）

吉姆·施腾格尔的发现很关键：专注于打造理想品牌、改善人们生活的公司，更容易与顾客产生共鸣——从而让公司在同类竞争中取胜。在同样的 10 年中，比起对富时指数 500 公司投资，对"施腾格尔 50"投资盈利可能性高出 4 倍。

为什么？因为一流品牌是建立在理想之上的，他说道——建立在超越产品和服务的更高层目标之上，推动改善人们生活的共同目标。

据吉姆·施腾格尔称，更高的目标或品牌理想是公司存在的基本理由——为了世界性的更高利益而生。一流品牌会通过加强消费者／顾客中心地位，引发购买意向，驱动公司增长。他表示，改善人们生活的更高目标是招募、联合、激励公司全体相关人员的唯一可持续方式，无论是员工还是顾客。目标与顾客或消费者的联系必须有意义，让公司与竞争者与众不同，有助于驱动品牌资产，以此驱动购买意向。

在吉姆·施腾格尔的研究中，排名前 50 的品牌来自不同产业和国家，有亚马逊、可口可乐、谷歌、雨果博斯（Hugo Boss）、杰克丹尼（Jack Daniels）、梅赛德斯奔驰（Mercedes-Benz）、红牛（Red bull）、三星（Samsung）、星巴克（Starbucks）和威士等。虽然这些公司千差万别，来自不同领域，但吉姆·施腾格尔发现，驱动这些品牌的理想可分为改善人们生活的 5 个领域，他称之为"基本人类价值观"：

- 引发愉悦之情：激起快乐、惊奇和无限可能性的感受；
- 形成联系：通过有意义的方式增强与彼此、与世界的联系；
- 启发探索：帮助人们探索新领域和新体验；
- 激发自豪感：增强人们的自信心、力量、安全感和活力；
- 影响社会：广泛影响社会，如挑战现状。

我见过最优秀的目标陈述将专注顾客提升到了新水平，不只是因为能与顾客产生共鸣、强调服务顾客的重要性（并理解顾客需求），还因为他们让管理者和员工为顾客设身处地着想。我请教的神经系统科学家称，这些陈述之所以很强大，是因为它们展示了"我们在为他人做事"，与心脑相连。

八 真实的目标

为顾客创造价值，为所有人创造价值

为顾客创造价值，是为股东和其他利益相关者创造价值的唯一方式。股东价值是结果，杰克·韦尔奇说道，按理说每个人都应明白，如果不能赢利，公司就无法造福于全体利益相关者。收获较高利润可以让公司有能力做有益的事情。比竞争对手更好地服务于顾客能帮助公司生存、提供就业、雇佣供应商，为当地社区带来价值。

在消费者联系密切的世界中，他们对品牌的公开评价比任何直接广告都更强大，顾客反响就是一切。公司为顾客带来的体验对成功至关重要，因此越来越多的领导者开始对以顾客为中心表现出狂热，并确保公司的目标反映出这一点。

不过，什么是以顾客为中心？我认为这指的是明确顾客群体、顾客需求以及顾客想做什么。如果组织中每位成员都明确并理解这一点，就能将重点从由内而外转成由外而内，使公司更人性化，因为如果组织中每个人都带着以人为本的眼光看待顾客，就能产生同理心和尊重。这种态度能带来巨大收益，通过这些方式，顾客这一概念就会生动起来，组织能更好地驱动内部和外部热情，增进信任，提高声誉。

顾客期待受到尊重

2014年，Chime Communications（一家全球体育、娱乐和传播公司）旗下的Good Relations对英国超过1.2万名消费者进行了一次调查，探索他们钟爱的品牌及其原因。鉴于顾客关系是非常宝贵的资产，Good Relations希望找出能够真正解释公司顾客关系实质的方式，将表现最好与表现最差的品牌进行研究对比，来理解如今品质关系形成的驱动力。他们创造了"3G"，这是一种突破性研究，用于测评公司在英国公众心目中的形象。"3A"被伦敦市投资群体用作组织"硬实力资本"或金融绩效的加速器，而3G则旨在为公司的"软实力资本"评分。软实力资本并不会出现在公司资产负债表上，但它的确能反映公司在公众眼中到底有多"好"——这是公司可持续性和未来绩效的真正指标。

"你做什么、怎样与人们交流、他们如何评价"，结果就是关系，从而决定公司的声誉。Good Relations 用 Chime 的视角和参与度（Insight and Engagement）研究分支，请顾客基于下列三要素为品牌打分。

他们请 1.2 万名顾客评价 120 个品牌，聚焦于：

- 良好行为（good actions）："无监管时，公司怎么做"；
- 良好互动（good engagement）：公司与顾客沟通如何、是否愿意倾听顾客意见；
- 良好口碑（good recommendations）：调查对象将该品牌推荐给亲朋好友和同事的热切程度。

三个维度得分均比较高的品牌包括约翰·路易斯百货公司（John Lewis Partnership）、亚马逊、维持罗斯超市（Waitrose）、三星、阿斯达（Asda）、家乐氏（Kellogg's）、吉百利（Cadbury）、维珍大西洋航空公司以及强生公司（Johnson & Johnson）等。在 120 个品牌中，依照 3G 标准仅 16 家同时享有良好行为、良好互动和良好口碑的赞誉。

情感纽带即有力盾牌

研究证明，与人建立情感纽带，能为品牌带来极大竞争优势。3G 研究显示，有效做到这一点的品牌拥有理解顾客的价值观，让顾客产生亲切感和真实共鸣。如今，顾客更希望看到背后隐藏的事物，通过更实质性的方法来选择。与顾客创造相互尊重关系的品牌拥有强大盾牌，可用于抵抗吹毛求疵的审视。

研究还表明，若想赢取尊重，就需给予尊重。在 3G 研究中表现出色的品牌，一言一行都体现了对顾客的尊重与关爱。3G 得分较高的品牌，这

八　真实的目标

方面做得非常好。他们成功传达了对顾客的真诚关爱，创造了在双方看来都行之有效的互动关系。

不尊重顾客的部门和公司，无论是有意的还是无意的，都会陷入毁灭性的无礼恶性循环，导致无数顾客贬损品牌。我们知道，不满的顾客比满意者更为活跃。对1.2万名消费者超过5万条评论的逐字深入分析显示，我们可以从高分品牌学到3条关键经验：质量、尊重和相关度。

首先，出色的产品或服务为出色的关系打下基础，这是重中之重。若能比其他公司更好地满足顾客需求，品牌自然就能占上风。其次，这些品牌表明，超出顾客期待的主动关怀和体贴、对顾客的尊重，能够让优秀产品和服务增值，从长远角度出发增强关系。最后，做到上述两点，并不时向受众展现有力关联度的品牌得分最高，无论是让品牌满足需求，还是做造福于人的事情。

兑现承诺，尊重顾客

倘若顾客感到公司不尊重他们，他们也不会尊重公司，Yodel快递公司就是一例。

为了赢回顾客，Yodel需要找到将所有行为都导向顾客的共同目标。经讨论后，他们将目标表述为"投递是个人的"。这是每一位为Yodel工作的人（大部分劳动力不是直接聘用的）都需要理解并努力的。

他们需要牢记，包裹是每位收件人的个人物品，将包裹成功送达是每个人的重要责任。他们做得怎样、结果如何，都会透明地呈献给Yodel指定的公司改善计划合作伙伴零售客户。他们的目标——投递是个人的——隐含着顾客收益，从而成了改善公司的主要催化剂。

Yodel预估市场份额占8%，是英国最大的独立快递公司之一。业务繁忙时，Yodel一天中递送的包裹多达100万件。它是在2010年"送货上门网络"（Home Delivery Network）对DHL英国国内业务的收购中组建的，合并后，公司于2010年5月被重新命名为Yodel，为"YOur DELivery"的缩写。

129

公司现为百万富翁巴克利兄弟——戴维·巴克利爵士（Sir David Barclay）和弗雷德里克·巴克利爵士（Sir Frederick Barclay）私有。

2011年，报纸略有不实地报道Yodel在圣诞节期间多件配送延迟，引发不少负面影响。这些媒体报道平息没多久，英国广播公司（BBC）的《监察员》（Watchdog）消费者节目又随之而来，播送了一段对Yodel包裹递送服务的严厉批评。2014年1月，Yodel连续两年在"省钱专家"网站（MoneySaving Expert.com）的9000人投票评选中当选英国最差快递服务。

我采访了执行董事迪克·斯特德（Dick Stead）。"很明显，"他说道，"关于公司，我们有很多事情要做，有很多艰难的决定要做。"

迪克·斯特德是受聘于巴克利兄弟进入该公司制定策略的，希望将Yodel变成有营利能力的英国快递，实现以顾客为中心，迪克明白要做很多严酷的决定。"我们的办公场所选得不太好，信息技术不达标，工作人员懒散，很多员工告诉我们，在当地小酒馆吃饭时都不好意思说自己在哪儿工作。综观公司状况，我们显然有几种选择：关了它，卖了它，或者为了长远考虑，忍辱负重投资，让它发展起来。我很高兴巴克利兄弟完全赞成让它发展的计划，因为他们看见了网购带来的巨大商机。"

在英国，Yodel每年投递1.5亿件包裹，并与国内85%的顶尖零售商以及爱尔兰共和国和海峡岛屿的邮递服务有合作关系。

由于之前的投递问题，Yodel在网上声名狼藉，这主要是因为在社交媒体上可以发现过去失误的持久状态记录。除此之外，社交媒体上不停有顾客抱怨Yodel的服务。

不只是包裹

"首要任务是让组织内部员工认识到，我们所做的不只是递送包裹。里面的东西对另一个人来说可能非常重要——也许瞬间就能改变他们的世界。这是我们更需要理解的，我们需要明白手中工作的重要性，要明白包裹对顾客的意义，"迪克说道，"要是想把这种情感概念印在每位成员心中，

八 真实的目标

就要先解决一个进退两难的困境。要想恢复并成为业界口碑最好的服务商，我们先要确定一个简单却关键的问题：到底谁才是顾客？"

是与Yodel签约、委托寄送包裹的零售商？还是尽管没有直接付钱、却会直接因为投递服务愉快或恼怒的消费者？Yodel面临两难境地：零售商自然希望降低成本，想要廉价的投递服务，顾客想要的却是质量。迪克说：

"我们决定，让包裹收件人来决定Yodel的名声，所以我们全部的努力和策略都要侧重在这群人身上。所以我们的目标要聚焦这些顾客。这样一来，我们就要想办法收集更多的顾客体验数据，理解我们的问题到底出在哪儿。如果我们可以提高声誉，让别人称赞我们的优质服务，就可以提高价格了，这样就能保证公司长期发展。Yodel已经亏损多年，想办法让它再次盈利是亟待解决的问题。"

Yodel启动革新，使用业界领先的顾客意见计划"倾听您的意见"（Have Your Say），每天倾听超过100万名顾客的评价，获取对投递体验的实时监测。领导团队通过这种反馈迅速判断并奖励Yodel人的出色服务行为，及时纠正问题，与客户合作改善服务，进行革新以满足顾客需求。迪克说：

"我们很快就发现，约三分之一的投诉是合理的，需要尽快采取行动解决问题。还有约三分之一的投诉找不到任何形式的购买记录，我们要想办法进一步判断谁是真正接受我们服务的顾客。剩下三分之一的投诉，大部分是收到了东西，但因各种原因想让零售商打折或退款。对这些人来说，最简单的办法似乎就是谎称投递出了问题。"

顾客决定声誉

公司清楚表明要扭转Yodel局势，启动了新愿景和新价值观。他们将自己的宏伟目标表达为："赢取全英最好的声誉。"迪克解释道：

"这简单有效。我们认为，最终决定用哪家快递的是顾客，而不是零售商。因此我们要把精力全部放在声誉上。

"我们告诉员工，战略是'用最优价格打造最优快递顾客体验，创建可持续公司'。为此每个人都要坚信'投递是个人的'。现在这是 Yodel 上上下下的共同目标。"

Yodel 让每位成员都清楚，有四条战略要务，皆以顾客为中心，分别为：

- 及时投递顾客的包裹；
- 完好无损地投递包裹；
- 对顾客始终保持很好的态度；
- 通知顾客投递进度。

"这种透明度和跟踪数据不仅让我们迅速修补漏洞，还是绩效提高的动因，透明，有力。"迪克说道。

改革计划成功吗？目前形势较好，迪克说："显然还需要进一步提高，我们会加快行动的。这些措施已经提高了顾客满意度得分，所以说我们是有能力实现成为业界最棒的快递公司这一目标的。"令人开心的是，经历了 5 年亏损的 Yodel 已转亏为盈。公司现在仍然常因糟糕的服务质量受到顾客批评，却依然在坚持不懈地努力提高服务。

让顾客认同公司目标

以福特信托（Trust Ford）为商标名的福特零售集团（Ford Retail Group）在英国有 65 家门店，每年出售车辆超过 10 万辆。公司有超过 3000 名员工，每年收益皆超过 15 亿英镑。该集团出售新车和二手车，也出售商务和残障人士车辆。

该集团董事长是有多年汽车从业经验的史蒂夫·胡德（Steve Hood），他说："我们花了很长时间，激烈争论后才确定目标。我们的目标是'在关

八 真实的目标

爱顾客中驱动标准':

"我们的经销点中约50个都是一条龙服务销售门店,涉及销售、客服和零件等方面,许多都自带车身修理厂。我们的产业市场竞争激烈,好在福特的产品线较宽。但要想做好,我们需要有一群高度敬业、关爱顾客、关心品牌的优秀员工来提供优质服务。

"我们最近才表述目标,这是我们思考如何维持增长和营利能力的措施之一。关于目标是否应设为股东营利这个问题,我们争论得非常激烈。占上风的观点是,如果没有良好的顾客满意度,就很难有持续的利润,只有保持顾客满意度才能驱动忠诚度,从而驱动可持续发展的公司。"

顾客会因价值观购买

史蒂夫·胡德称,在汽车产业,越来越多顾客不愿意再困在当地特许经销商那里了。如果顾客认为值得,甚至驱车前去购买。因此,在城镇开设特许经销店已经不再是争取顾客的法宝了。

"这是因为当代顾客会为了你的价值观和目标购买,能否信任公司、能否感受到公司的关心,是他们做决定的基础。为了争取信任,组织中每个人都需要理解我们的目标及其重要性。

"比如,在满是闪亮新车的展厅中很容易判断顾客的需求,但仓库里负责零部件的员工就很难意识到自己对顾客有多么重要。因此,我们要努力把这一点生动地呈现给每位成员,向负责零部件的员工解释,如果他们不能把零部件准确地装到对应的卡车上,在规定的时间送到约定的经销商那里,某位车主就会非常失望,也许顾客就不能及时接孩子或完成某件很重要的事情。如果我们让顾客失望,就会失去信任,失去一桩生意,可能还会遭到利润损失。"

史蒂夫·胡德说,如果无法为在仓库负责零部件、在服务车间或展厅工作的员工将目标解释清楚，那么这个目标就定错了。目标在每位成员看来都应是行之有效的："这是相关度问题——对员工、对顾客都一样。如果这个目标不能与每个岗位联系起来，不能为组织各层面所理解，无法和员工进行探讨，无法做出清晰简明的表述，我认为这个目标就错了。目标要能驱动你所有的谈话，助你为每个决定找到正确方向。"

史蒂夫·胡德将福特的宏大目标定位成"让竞争者嫉妒"。为此，公司努力让各项工作都成为业界标准，公开招募留用助力公司成功发展的优秀人才。他们的雄心壮志与目标有直接联系，价值观也是如此。

"我们的价值观必须能够帮我们达成目标，这就是我们的原则。诚实和正直，始终尊重关心每个人，带着积极的态度做事，享受自己的工作。"然而，史蒂夫·胡德指出，如果语言无法改变行为，只是一纸空话，那就毫无意义：

"如果不能让每个人都清晰地理解目标和原则，不能让每个人都践行遵守目标和原则，那你在公司中就会看到几百种不同的计划。有的人选择在这儿工作是因为喜欢顾客服务，有的人是因为爱车，还有的人单纯是为了赚钱。这种观点和动机就成了一盘散沙，顾客很难得到具有一致性的服务体验，这样你就很难做到他们看重的事情。"

使用引发顾客共鸣的语言

若想明白顾客看重什么，就要明白应用何种语言引起他们的共鸣。采用由外而内的视角能帮助你更好地构建真正引起共鸣的目标。许多领导团队制定了由内而外的目标，这么做非常不妥，根本无法让外部听众关心。

伊恩·麦凯格（Ian McCaig）是英国第一电力公司（First Utility）的首席执行官，该公司是英国快速发展的独立燃气和电力供应商，现与英国六大能源供应商展开竞争，这六大供应商包括英国天然气公司（British Gas）、法国电力公司（EDF Energy）、苏格兰电力公司（Scottish Power）、npower、南苏格兰电力（SSE）和意昂电力集团（E.ON）。该公司成立于2008年，是第一电信公司（First Telecom）的衍生公司。截至2015年底，英国第一电力公司前4年中有3年顾客人数翻倍，市场份额达到2%，成为英国第七大供应商。

伊恩·麦凯格曾任在线休闲旅游零售商 last minute 网站（last minute.com）首席执行官，他之所以加入英国第一电力公司是因为他认为"面对当今和未来日益增长的能源开销，英国消费者应学会自我保护"。他说道：

"英国第一电力公司是唯一能挑战现状的公司，是唯一将使命定位成帮助顾客消耗更少能源、减少能源开销的公司。我们实现这点的途径之一是让顾客直面科技，帮助人们更好地理解能源消耗，然后找出节能方式。

"以顾客为中心，倾听顾客意见，我们从中发现，顾客不太喜欢节能这个概念，因为他们觉得这是一种妥协，要以牺牲舒适度为代价。然而，我们很快就发现，如果调整表述方式，告诉顾客这是帮他们减少浪费，就更得人心，就能更积极地传达我们的目标。这一做法的接受度很好。

"在我们顾客心目中，节约意味着带来伤害。避开这种语言，英国第一电力公司就能与英国百万户人家产生共鸣，为共同目标而奋斗。人们选择加入我们，不只是因为我们的高效专业，还因为我们能为他们带来想法、动机、技术和工具，增强他们的能动性，从而做出减少能源损耗的决定。"

伊恩·麦凯格表示，他们的公司定位与其他六大公司很不一样，因为英国第一电力公司采用的是由外而内的视角："这完全是如何看待、表述目标的问题。我见过的大能源公司管理人员，几乎都无一例外地从基础设施、建能源站、为提供布线搭建网络着手。他们从能源站角度出发向外看，没有从顾客角度向公司内看。"

还需引起员工共鸣

如果目标仅能引发顾客共鸣，却不能让员工为之一振，也是枉然。要让员工感到目标是振奋人心的,因为造福他人能让他们感受到自我价值。显然,为股东服务的目标就会让人们产生抵触心理。一些领导者通过残酷的现实才明白了这一点。

英国耆卫保险有限公司(Old Mutual plc)是一家国际投资、储蓄、保险和银行集团。2015年底,该集团拥有超过1600万顾客,名下管理的资产超过3040亿英镑。耆卫财富(Old Mutual Wealth)就属于这个商业帝国旗下,本身就是一流的全球财富管理公司,主要运营长期储蓄和投资市场。耆卫财富首席执行官为保罗·菲尼(Paul Feeney),他于2012年1月加入,需将耆卫财富从投资平台公司转变成英国一流的财富投资管理企业。

保罗·菲尼称,许多国家都面临着无法支付养老金的巨大问题,而退休大潮即将出现,人们的储蓄是否足以使其安度晚年很关键。如果有五分之一的人退休时在贫困线以下,你就有理由让公司中的每个人都去关注如何改变人们的生活。"你需要与员工建立强大的感情纽带,这样他们才能全心全意地投入工作。如果这一点没做好,就会给公司带来损失。"

在让员工充满感情、产生共鸣、采取有助于提高绩效的沟通策略方面,保罗·菲尼称自己反应迟钝:"我发展了令投资者满意的策略,我说是为了建立以强大资产管理为核心的一流垂直综合型财富管理公司。我把它拿到员工跟前,但某一刻出现了对未来有重大影响的启示,我至今仍然心存感激。"

保罗·菲尼说,那是他走进耆卫财富南安普顿办公室的时候,"几千人在那里从事英国公司的管理工作"。他像往常一样做演讲,谈论"构建以强大资产管理为核心的现代垂直综合型财富管理公司等"。

当他对一大群人演说完时,鼓掌者寥寥无几。满心疑惑的他离开讲台,一位当地管理者走过来,很勇敢地问他是否有时间跟随她去参观几处地方,不知道他是否愿意。他同意了,这位管理者带他去了地下停车场,请他描述一下自己看到了什么。

"我一头雾水,但还是按她说的去做了。我说看到了汽车、装满垃圾的装卸车、水泥等。她说:'好啦,现在跟我去顶层。'她又让我描述从大

八 真实的目标

窗子中看到了什么。"保罗·菲尼说道。

现在,他描述的是一片全新视野——从港口到远处的新森林地区,还有周围的建筑和刚刚在地下室看到的垃圾装卸车:

"她说:'是啊,一样的景观,不同的视角。'

"她跟我解释,顶层的风景是我看到的,但底层的景观,才是员工心中所想的。他们只能看到我规划的一部分,但我的视野中还有更广阔的部分,没能很好地传达给员工。我终于明白了,我知道自己要重新思考了。

"这个故事,我在公司已经讲了好几次,我真的很感激她让我明白了自己沟通不当,不能与员工产生共鸣。之后,我意识到我描述了公司策略,但那不是目标。我需要重新思考要做的核心是什么,为顾客打造积极的未来,保护英国几百万人的未来繁荣。

"我们要用最好的资产管理、最好的投资管理服务为他们投资,为现实生活中的人创造解决方案,达到这个目标。"

保罗·菲尼称,公司实现迅速有效的转型得益于增强员工的凝聚力:"这是我们提高敬业度的关键,哪怕在大变革时期也是这样。"

我见过的首席执行官中很少有人为员工写诗,保罗·菲尼就是其中之一,这首诗被用于解释组织的目标,很快就广泛流传开来。某个假期坐在沙滩上时,他写了一首诗,取名为《变革者》(*The Changemakers*),如下:

致变革者
致勇者,被嘲笑者
致为我们孩子守护未来的勇士们
他们从人群中站出来,大声疾呼
用勤劳的双手创造生活
今天,他们要让后人的明天更美好

致那些思考"为什么不?"

永不接受"因为"的人们

他们努力向成功迈进,努力贡献

有时只是为了生存

却始终在贡献自己的力量

致鞠躬尽瘁者

价值观让他们富有

无论是否为大富翁

他们的承诺就是债券

他们奋斗却不求回报

我们的公司即为这些人而建

他们为未来投资

创造更美好的明天

"我显然不擅长作诗,但我想找一种办法——用我自己的方式为员工解释公司定位。我想告诉他们,我们决定要为人们做些什么,这些人想用他们的投资、金钱和时间做些什么。我想用简单的语言为所有员工解释目标,我们想引起这类客户的共鸣。"保罗·菲尼说道。

保罗·菲尼及其团队为这次变革项目创造了何种价值观呢?本书出版前,据媒体报道,英国耆卫保险公司可能有望打破90亿英镑业务的纪录。2015年,该公司收获了超过3亿英镑的利润,保罗·菲尼的公司现在价值几十亿英镑。

为顾客提供真实的体验

目标不仅要与顾客和员工产生共鸣,还应努力捕捉组织的真实性。做

八　真实的目标

到这一点，就能通过目标产生区分性。

罗科·福特爵士（Sir Rocco Forte）是罗科·福特酒店集团（Rocco Forte Hotels）的董事长。目前，他的公司在欧洲主要的旅游胜地运营，如伦敦、爱丁堡、布鲁塞尔、佛罗伦萨、罗马、慕尼黑、法兰克福、柏林和圣彼得堡等地。2009年，该集团启动了公司在西西里岛的第一家度假酒店维尔杜拉（Verdura）。

罗科·福特爵士是酒店产业资深从业者，他称自己的酒店独特、简单，目标是反映所在城市的精神：

"我们旨在为客人展示城市最好的一面，通过内行知识塑造客人对城市的体验。为此，我们的价值观侧重于慷慨、开放和真诚的精神，对酒店客人和其他员工都是如此。

"酒店客人的表扬信都是异口同声地称赞员工，提及员工比其他方面都多。真实性很重要，我们努力忠于城市，做一个真实的人。"

真实地体现目标

罗科·福特爵士说，他的员工与客人互动的方式非常重要，酒店会对他们进行特别的沟通方式培训，以求按自然的方式进行互动。"一到酒店，如果每位员工都问你旅途感觉如何，你会觉得很烦躁。你可能会想，他们是不是知道关于旅途的某些内幕，我却不知道。自然的表现是避免那种尴尬，自然能让人更真实地服务。"

罗科·福特酒店集团在11家酒店雇佣约2500人，在员工的英语培训上花了很大工夫。"能说英语就能和90%的顾客交流。"罗科爵士说道。

"大部分大型国际连锁酒店，在哪儿开店都努力复制一模一样的酒店。我觉得那是一种遗憾，剥夺了客人体验不同城市的感受，好像总是在一个地方一样。所以我们决定，让不同的酒店为各自的城市所独有。

"每座酒店都需要有自己的个性，忠于城市，反映它们是家族集团的一员，有这个家族的价值观。我们的训练项目反映这些价值观，每位新员工都要学习公司的历史、家族的历史、他们所在的酒店的历史，也会就所在城市的知识接受针对性训练。"

罗科·福特爵士说，他极度关心顾客体验。"如果我们的目标和承诺是为顾客带来独特的体验，保证高水准、真诚的热情，我就需要常常去这些酒店，表现出我对细节的关心，包括桌面摆设、装饰、菜单外观和摆放、员工对待顾客的态度，尤其是他们如何处理客户投诉。你是领导者，你要守卫你的目标。"

忠于目标，数十年如一日

在日新月异的世界中，你的目标、战略和具体做法都会不停发生改变，目标却很少会变。表述有效的目标可以让人们始终专注，无论世事变化。

成立于1862年的皮博迪信托公司（The Peabody Trust）拥有150多年的历史，是伦敦最古老、最大的住房建设协会，拥有约2.7万处地产。它还是一家慈善机构和城市改善机构。该信托公司由曾居伦敦的美国银行家乔治·皮博迪（George Peabody）创建。在伦敦时，他爱上了这座城市，决定赠予它一件慈善礼物，造福居民。考虑了几种计划后，他决定要建立一家模范住宅公司，使命是改善伦敦穷苦人民的生活条件，为他们带来舒适和快乐。

皮博迪信托公司现任首席执行官是斯蒂芬·豪利特（Stephen Howlett），曾任社会住房机构Amicus集团（Amicus Group）首席执行官，该机构于2006年成为Amicus Horizon集团（Amicus Horizon Group）。皮博迪信托公司为无法在自由市场上购买或租赁房屋者提供租房服务；为那些急需帮助者提供住房和关爱；提供廉价产权房，尤其是产权共有型房屋；还举办社区重建活动，如提供培训和认证学习机会。斯蒂芬·豪利特说：

八 真实的目标

"可想而知,152年来我们经历了多少变化。我刚加入时,建设计划上仅有300~400户。如今为8000户,创皮博迪信托公司最高历史纪录。

"我们一直深受乔治·皮博迪精神的激励,与此同时,我们也考虑如何用今天的方式坚持他的目标。比如,我们建新房的开销一度有80%源自政府补贴,现在仅有10%,要想实现社会目标,就要更好地维持商业运作,确保我们能够获取足够资金。如果我们的房产都是空的可以出售,账本上就会有价值超过100亿英镑的房子,这就能让我们从银行取钱,实现目标,扩大我们大目标的规模。然而,我们始终牢记不忘初心。"

反思目标

斯蒂芬·豪利特称,他和他的团队最近反思了他们谈论目标的方式。他们发现,在伦敦,对8万名居民来说并不需要解决贫困,他们不一定觉得自己贫困。"他们觉得非洲人民才叫贫困,所以从某种角度来说,我们的目标在他们看来是一种侮辱,是非常消极的使命,所以我们改变了陈述方式。现在,我们会说公司尽可能为更多人创造美好的家,带来真正的目标感和强烈的归属感,让伦敦为所有人都提供机会。"

对斯蒂芬和他的员工来说,美好的家意味着安全、温馨、干净、管理得当,因此会激发个人的自豪感。真正的目标感代表坚持努力,无论是工作、学习、关爱他人还是发展自己:"要做一些人们向往的事情,因为这会使他们感到受重视。"最后一条是强烈的归属感,他们认为,这源自参与社区的活跃度与团结的精神,源自随之而来的友善(换言之,通过为人们赋予目标和社区,让他们感受到自我价值):

"我们让所有员工都参与到全新的目标陈述发展中来,每个人都热衷于维持乔治·皮博迪使命的初衷。我们1100位员工对乔治·皮博迪先生仍然非常敬爱,几年前,我们引入一种新信息系统,员工打算为其取名'乔治'。这样看来,不忘初心很关键。"

"如果员工感受到领导忠于目标，就能更轻松地拥抱变化。"

如何为公司制定真实的目标

真实的目标能够指引团队、分支、部门或公司的每一个决定，处于发展策略的核心地位。它是引导激励员工的关键，应能维持对内和对外的持续性沟通。目标排在第一位，它不是市场标语或传播工具。在联系日益密切、更加透明的世界中，要是目标不够真实，很快就会被人们发现。

杰里米·加尔布雷斯（Jeremy Galbraith）是世界一流公关传播公司博雅（Burson-Marsteuer）的欧洲、中东、非洲区首席执行官。博雅在六大洲110个国家运营。2008年以来，博雅一直与位于瑞士的管理教育商学院国际管理发展研究所（International Institute for Management Development）合作，致力于企业目标研究。杰里米称，真实的目标完全在于领导："有信念、也具有说服力的高效领导者会将目标列入议程，确保组织不偏离路线，将目标植入长期计划并付诸实践。"

他说，感知往往源自现实，它基于意识和对公司的了解，从经历和交流中获得。拥有让组织中每个人都言行一致的领导者是基础："如果企业目标完全真实，那公司认定的目标与战略决策及行动便是完全统一的。"

人们如何感知，成就公司声誉。本书已多次提及，当今有越来越领导者已经意识到声誉这种无形资产多么可贵。拥有良好的声誉已成为重要议题。然而，我认为许多人对声誉的看法还存在误区。他们认为声誉是最终目标，可我坚信，这只是个开始。

你的顾客、投资者、员工和监管者如何看你，他们期待、信任、支持公司会得到怎样的回报，正应成为管理人员规划目标和策略的起点。理解侧重点、理解公司如何才能达到利益相关者的期望，也能形成良好声誉。

成功有赖于和顾客等各类群体的关系，若想稳定这些关系，就要理解利益相关者的感想，这是策略发展的输入。沟通真实的目标，能够让你与

八 真实的目标

这些群体谈论公司代表谁、侧重点、计划如何改善他们的生活。这是建立良好关系的优化起点,别上来就告诉他们,你只想要他们的钱。

恪守目标,引领成功

剑桥包公司(Cambridge Satchel Company)成立于2008年,由朱莉·迪安(Julie Dean)和母亲弗里达·托马斯(Frieda Thomas)在剑桥创办。朱莉·迪安用这种方式赚取孩子的学费。她们从不起眼的厨房餐桌起家,朱莉·迪安的愿景很简单:复兴传统的英国皮革包——这种曾具有标志性,后来却慢慢消失的包。

朱莉·迪安刚创办公司时就决定,所有产品都要诞生于英国本土,确保由技艺娴熟的英国工匠亲手制作。为此,她在莱切斯特创办了自己的工作室。

她和母亲以600英镑白手起家,如今公司资产已超过5000万英镑,被英国政府认可为出口成功案例。从每天只做几只包开始,到出口120多个国家,这是英国排行榜上增速第七的公司。

朱莉·迪安狂热地致力于保存英国制造工艺,尽管要满足大量的出口需求,她还是严格要求每只包、每个阶段都是在英国本土完工。

"我觉得这种小包就是英国包,英国制造工艺很棒,我觉得不关注产品产地大错特错。这个信念源自我的父亲,他狂热地认为,没有什么比英国制造更棒了。"朱莉·迪安说道。

朱莉·迪安在矿厂倒闭的年代长大,很清楚失业对城市来说意味着什么,她将开办公司视为创造就业机会的特权。如今,公司有超过150位员工。她称,这些员工都致力于制作纯正的英国小包,这个目标令人钦佩。

朱莉·迪安相信,她的剑桥包已经成为真正激动人心的国际品牌了,因为她恪守目标——制作纯正的英国小包,这对顾客有着强大的吸引力。"无论我们发展得多大,我都会确保这个品牌的精神渗透一切,渗透我们未来可能进入的每一处市场。"她说道。

正如朱莉·迪安及其他章节中出现的首席执行官们所言，核心目标必须聚焦顾客，这是基础。较理想的方式，是将目标表述为顾客眼中的益处。而为全体利益相关者创造价值的更广目标，最好放在愿景陈述部分——放进长期或短期规划皆可，这就会让员工因目标而感到自豪。坚持造福于服务对象，就能帮助公司为所有人创造价值。

下一章预告：如何打造文化，推动目标更好地实现。

第八章提要

1. 最成功的公司都设定了顾客目标——着力于改善人们生活的理想。这更容易引发顾客和员工共鸣，帮助公司超越竞争者。
2. 应将目标传达给公司中的每个人，让他们明白自己如何改善公司之外人们的生活。关联度就是一切。
3. 如果领导者能够采用顾客标准，参照目标、透明地进行绩效测评，就能让公司每个人都为实现目标采取行动、担负责任。
4. 领导是目标的守卫者，要确保团队严格忠于目标。
5. 表述顾客目标时要注意措辞，需表述为顾客眼中的益处。公司的社会目标或更高目标，最好留待长期愿景和宏伟目标陈述再表述。

九
文化即竞争优势

统一目标与价值观，打造成功团队

依靠文化制胜的组织能够赋予员工共同目标和共同价值观。比起文化不明确的组织，文化丰富健康的组织收入增长高7倍。文化强大的公司也更容易吸引人才，推动自身不断增长、产生价值。领导需谨慎选择价值观，用价值观驱动所有对话，不只是关于目标和目标的对话，还有如何实现目标和目标的对话。

注重文化的领导者能够取得更佳成效。他们明白，将目标、价值观和大目标结合起来就能创造价值，中层管理者是文化的关键。他们在管理的同时还需打造高绩效文化，要确保员工享有良好的工作环境。为了实现这一点，他们会陈述自己践行的一套价值观，让管理人员和员工也吸收并坚守同样的价值观。本章中，我们将从发展文化推动成功的首席执行官那里汲取经验。

"当领导者12年了，但让我清醒熬夜的还是组织文化。"BTG公司（最初出现于第七章）首席执行官露易丝·梅金女爵说道。BTG在世界各地共有1200位员工，是一家专业健康护理公司：

"近年来，我们公司在自然生长和兼并活动中发生了很大变化。我衷心认为，我们成功的关键是员工的质量和运营方式。我们所做的每一件事都遵循价值观引导，这是我们很久以前就确定的，旨在支撑培养优秀文化，推动我们成为快速增长、意义充实的公司。"

露易丝·梅金女爵称，最初团队的野心是让公司跻身富时指数100，她称这是为了表明推动公司大步迈进、快速增长的意图。这不是让员工"起床上班"的目标，而是在大胆表明公司会比仅有200员工时更大、更有意义。露易丝·梅金女爵说道：

"如果我们想快速增长，就要做出众多人事决定。为此我们的价值观必须很明确，每一步都要保证将正直、团队合作、问责制、传递、公开和终身学习作为核心价值观。我总是按顺序说这些价值观。正直说的是做人。团队精神、问责制和传递是关于公司和团队合作的。但实际上，让我们与众不同的是开放和终身学习这一价值观。公开即围绕一个框架且仅围绕一个框架，发起充满活力和挑战性的对话——对BTG来说这是最佳状态，而不是对分支或个体而言。"

露易丝·梅金女爵解释说，仅当拥有共同议题时，才能真正展开充满活力的辩论。充满活力的辩论可以优化公司的决定，让公司更加灵活，但如果人们相互怀疑或者从不同目标出发，就难以实现。

价值观陈述应振奋人心

露易丝·梅金女爵从手提包里拿出一本经常翻阅的小册子，里面是BTG的价值观以及关于"我们的基因"的14条陈述。她说，他们刻意使用不规整的语言来表述这14条内容，希望振奋人心、激发情感，这14条陈述具有丰富的含义。她自己最喜爱的一条是："我们大声说，公开说，带着尊重说。我们聆听他人，也期待他人聆听自己。我们预设倾听者真诚友好。"她说，想法拥有让人改变的惊人力量——前提是预设听者真诚友好。

她喜爱的另一条是："我们走在业界前端。面对顾客、竞争者和环境，我们观看、聆听、感受。"作为热切的领航者,露易丝·梅金女爵总是会询问管理者,在价值观问题上,他们是否做到、是否密切关注、是否眼观六路了。用词源自赛船:是否做到,指的是管理者本人是否践行价值观,带着团队精神工作;是否密切关注,指的是管理者有没有从多角度不懈努力:

"赛船时,风向其实一直有微妙的变化,所以除了扬帆,还有很多事要做。你需要始终保持密切关注、调整重心,虽然只是微调,却要带着严格、警惕的动力。

"然而,赛船时仅靠速度是无法获胜的。你们要比其他所有团队更理解外部大环境、反应更灵敏、行动更迅速才能获胜:那边风向有变化,这边潮水波动更快,有船快划到那儿了。因此,你还要有能力眼观六路、观测环境,为判断做好准备。这关乎灵活性和走在前沿的能力。"

该手册中 BTG 的其他基因还有:

- 我们绝不在困境中放弃,但如果走错方向会立刻放弃。
- 病人排在首位,顾客排在第二位,然后才是 BTG 和我们的组织各层级。
- 坚持真理、道德和正直,我们决不妥协。
- 我们不能接受现状。如果太舒服了,说明不够大胆,因此也不够优秀。
- 我们跨越界线分享想法和知识,沟通与协作不受组织层级限制。
- 在这里工作,让我们成为更好的人。欢迎梦想。有乐趣更好。

露易丝·梅金女爵说:

"选择描述基因的语言时,我们非常谨慎。我们希望陈述能够激发员工情感,清晰表明对员工的期待。

"确保新员工快速理解践行我们的价值观,采用与我们基因一致的行为方式,是BTG所有管理者的职责。我们的文化是成功的绝对推动因素,如果员工不合适,我们会立刻辞退,这并不代表他们能力不够,只是因为我们不想将就使用无法适应集团文化的员工。"

BTG有限公司通过用有力、激发情感的语言表述,将价值观的意义清晰地传递给了员工,真正为其赋予力量。很多领导者常常只是表述价值观,但没有对意义进行充分阐释,不足以真正驱动文化。

中层管理者关系文化兴衰

基利安·赫尔利（Killian Hurley）是伦敦市中心专业住房地产开发商Mount Anvil的首席执行官。该开发商旨在为人们打造舒适安心的家庭和社区。Mount Anvil与其他投资合作伙伴联手,打造了超过5000户伦敦住房,计划到2020年另建2500处,价值超过10亿英镑。它连续10年被《星期日泰晤士报》（Sunday Times）评为100家最佳小公司雇主之一,还连续两年被英国安全委员会（British Safety Council）评为英国健康安全第一的公司。

基利安·赫尔利是Mount Anvil创始人之一兼大股东,他从1988年开始就在伦敦地产市场工作。在他的领导下,公司在过去10年中实现了近10倍的增长速度。

他说："我们的核心价值观之一,是坚持不懈地做正确的事。这意味着我们招人时的要求之一是为人正派,我们会将这一点列在职责描述中。这指的是我们想招聘能够在艰难抉择中做出正确选择的人,无论涉及健康安全问题、与顾客协商沟通、处理顾客投诉还是其他事情。我们完全明白,做正确的事情是最好的选择。从长期来看,这是最具有盈利价值的事情。"

尽管基利安·赫尔利非常尊重、关心顾客,但他称排在第一位的并非顾客,而是员工。如果他不能营造正确的文化,就永远无法满足顾客需求、永远无法实现公司增长的宏伟目标。

Mount Anvil 随时都有至少 1000 名施工分包合作商，与供应商合作对成功至关重要。"你需要明白尊重的价值，才能与供应商实现成功合作。说到健康和安全，尊重员工及其工作安全是关键。英国安全委员会监管我们的施工现场，甚至为我们打出了最高健康安全评分——99.93%。这得益于我们高标准的流程、管理、沟通，文化更是功臣。"

员工驱动数字，数字无法驱动员工

基利安·赫尔利称，他很清楚是员工在驱动数字，而不是数字在驱动员工。"我们希望成为伦敦中心地带最受尊重的开发商。不是最具营利性的开发商，也不是最大的开发商，而是最受尊重的。这个说法承载着巨大的责任，要想成为最受尊重的开发商，正直、尊重他人是关键。我希望领导团队不要把金钱作为最主要的驱动力，但我们越努力成为最受尊重的开发商，专心为人们建造舒适安心的房子和社区，收益就越好，这也是不争的事实。"

基利安·赫尔利说，Mount Anvil 口碑好，受到了客户推荐，这是工作中最令他欣慰的："我们绝对为这些统计数据感到自豪，看到人们买第二套、第三套房子，或推荐叔叔、阿姨、好友来买，我们就有了起床工作的动力。那时我们就很清楚，文化会产生经济收益。"

然而，基利安·赫尔利和露易丝·梅金女爵都指出了一个重要事实——在组织中，决定文化兴衰的是公司管理者们，因此领导者必须在此集中力量。如果管理者无法践行传播价值观，不管员工多么乐意、多么热情都很难实现。无论顶层管理团队践行价值观做得多好，倘若中层管理者始终不予以重视，文化就会分崩离析，失去竞争优势。

不幸的是，现实中这种情况频繁发生，除非公司热衷于文化。在第四章舆观为我做的研究中显示，员工认为"保持原则一致"是管理者第三重要的特质。忠于组织目标排在第六位。当被问及是否认为管理者真正关注组织价值观和目标时，仅 64% 的员工同意（而 82% 的管理者认为自己做到了）。当被问及管理者是否体现出一致的原则时，仅 53% 的员工同意，而 91% 的管理者认为自己做到了。更糟的是，近四分之一的员工否认。

就在这种隔阂中，文化分崩离析；就在这个关节点上，员工开始怀疑领导团队公开提出的团队或组织价值观。只有每位管理者都在言行中践行价值观，才能够塑造可以带来竞争优势的强大文化。

是什么在阻碍员工践行价值观

领导者常常在无意间为员工践行价值观制造障碍。移开障碍，提倡价值，就能改变行为。欧迪恩（Odeon）和 UCI 院线集团（Odeon and UCI Cinemas）的故事就充分说明了这个问题，该集团首席执行官为保罗·多诺万（Paul Donovan）。

没有几位老板可以随时出现在 7 个国家的 240 块电影院大屏幕上——但是保罗·多诺万可以，他还经常这么做。为什么？为了激励欧迪恩和 UCI 院线集团的 9000 名员工，这是欧洲一流的院线运营商。

该集团拥有 240 家影院，2200 块大屏幕。2015 年，有 8300 万观众在这些大屏幕前观看电影和活动。与前一年相比，这个数字很不理想。为此，保罗·多诺万计划要进一步激励员工，打造更强大的文化。他也希望更加依靠自己的员工来驱动集团繁荣，而不是依靠好莱坞新片。

2014 年形势不妙，大片少得出奇。没什么大片，人们似乎就不怎么愿意走进电影院。票价和爆米花价格提高，如今有许多在线观看途径，如奈飞（Netflix）和亚马逊视频等，有高质量的电视，还有越来越多人非常喜欢一口气追剧，在家观影太容易了。

员工敬业度对扭转局势至关重要

欧迪恩和 UCI 院线为金融家盖伊·汉兹（Guy Hands）创建的私募股权投资公司泰丰（Terra Firma）所有。泰丰几次都差点出售该集团，但又没出售，认为可以伺机卖高价。在出售前，他们需要先提高集团效益。为此，盖伊·汉兹请来了爱尔兰最大的通信公司 Eircom 集团前首席执行官保罗·多诺万。保罗·多诺万之前还担任过沃达丰（Vodafone）集团搜索潜在市场的首席执行官，负责该集团的转型项目"同一个沃达丰"（One Vodafone）。

保罗·多诺万说："该院线集团为泰丰所有约10年，这对私募股权公司控制产权来说是已经很长了。我需要创建一个能够吸引潜在购买者的公司，这样才能产生长期价值。"

欧迪恩和UCI在英国、爱尔兰、西班牙、葡萄牙、德国、奥地利和意大利都有电影院分布。这些国家都是受经济衰退重创的市场，竞争不仅来自其他视频供应商，还来自各种价格公道的休闲娱乐场所，如餐馆、俱乐部、剧院等。

在英国，人们平均每年去电影院2.6次。在欧洲，这一数据为每年1.5次。这就是欧迪恩和UCI的机会，保罗·多诺万说："若能结合出色的内容、出色的营销和出色的顾客体验，这种娱乐形式一定会发展强大。"保罗·多诺万明白，随后几年电影会多起来，所以内容算不上大问题。

当务之急是清理地产。他们需要淘汰一些绩效很差的场馆，投资新技术，如IMAX屏幕、领先的数字屏幕和音响、更舒适的座位和餐饮，如丰富食物和饮品的类型。

接下来是改善营销。他们需要对顾客作进一步分类，获取更多的数据用于分析。他们还需利用社交媒体，更重视增进与观众的关系，通过这些方式加大营销力度，吸引人们看电影，让人们更留心自己可能会感兴趣的娱乐方式。

"我们的策略，是在集团中推动变化，让顾客有更多理由走进影院，确保他们在这里玩得开心，不久之后还会再次光临。"保罗·多诺万说，"我们首先是服务业，战略是通过创新、高水平的流程和技术为每位顾客带来超凡体验，获取独特竞争优势。"

让振奋的员工点燃顾客热情

对保罗·多诺万和他的团队来说，最大的挑战是员工。"我刚来那年，

领导力法则：如何用目标打造充满活力的团队

一次敬业度调查显示我们的员工缺乏共同目标感，没有共同文化，对领导者信心不足。那时与同行相比，我们的员工敬业度非常低，5年都保持不变。没人想过该怎样激励这9000名员工，"他说道，"我们没有努力让员工体会我们的关心。如果想让他们践行我们的价值观，这就是障碍。"

保罗·多诺万解释道：

"比如，我们曾有条规定，新片上映前两周，自己的员工不许观看。顾客来咨询时，他们只能耸耸肩说不知道。他们的确没法说什么。

"来电影院应该是激动人心的经历，我们希望员工能让顾客感到兴奋。现在，我们会在第一时间让员工欣赏新片。我们的技术还可以在自己的每一家电影院实时播送，员工坐在电影院里，我们——组织的领导者——可以出现在大屏幕上。我们告诉员工当下发生的一切，在加深他们对产品理解的深度和广度上尤为努力。

"我们会邀请影片购买方谈论电影、导演，告诉员工更多电影相关背景。有了这些信息，他们就能更专注地服务顾客，帮助他们享受观影过程。

"这只是我们用于激励员工践行价值观的一个例子，还有很多很多。一旦发现不遵循这些价值观的不合格管理者，我们就会将其辞退。这是改善文化的唯一途径。"

欧迪恩的管理后来又有了新的目标陈述：为每位客人创造激动人心的体验。

让愿景和价值观生动起来是基础

"我们针对高管和普通管理者启动了一项培训计划，名为'引领成功'，帮助他们理解怎样才能变得更鼓舞人心、更投入。我们坚持要求他们去电影院，在一线工作，更频繁地露面。我们一直雇佣态度端正的管理者，让他们雇佣愿意热情接待顾客的员工。我们会对管理者进行严格训练，让他们每个人都获得全面发展。"保罗·多诺万说。

保罗·多诺万的团队现在为所有这些人设定了清晰的愿景和价值观，并确保每个人都知道、理解这些内容：

"我们希望员工本身就是狂热的影迷，全心全意地提供优质服务。这意味着我们的价值观侧重于在非正式、催人奋进的环境中，进行团队合作，让员工的热情绽放。

"为此，我们为150名领导者发起培训项目，其中包括一系列关于如何将愿景和价值观生动呈现在电影院中、如何为每一名员工解释战略的研讨班。我们的新目标陈述对员工敬业度至关重要。"

保罗·多诺万和他的团队尽心尽力帮助员工理解、实现目标，他们邀请各影院的员工一起找寻践行价值观的好办法——从化妆角色扮演，到顾客特别活动。他们设计了一个29格的"降临"日历，送到每家影院。每个格中都一个讨论话题和任务，用于让员工重温目标和价值观。他们鼓励员工录像或拍照记录下自己践行价值观的所作所为，在各大电影院分享。

保罗·多诺万说："这250家影院释放出了无穷的力量，员工能看到组织上上下下的同事们的所作所为，看到大家更好地统一于共同目标和价值观之下。这就让我们的愿景和价值观可观可感，足以让每个人参与其中，亲身经历。一切以顾客为中心，我们做得越多，收益就会越高。"

投资或基本建设支出有限，在这种环境下，改善文化至关重要。欧迪恩采取这种做法后，顾客满意度提升了，市场份额提升了，公司收益也提高了。"我们需要生动地呈现给员工，帮助他们看清区别，感到自己的特别之处，要想为顾客带来更加特别的体验，这是至关重要的。"保罗·多诺万说。

欧迪恩和UCI管理者不是仅仅在海报上印字，而是用心地开展运动、尽可能地让价值观生动起来，他们的员工敬业度获得了大丰收，超越了其他许多努力改变文化的公司。"员工动机水平几乎翻倍，对领导者和战略的信心有了飞跃，他们说文化和氛围也有了极大改善。"保罗·多诺万说道。

据 2017 年的一次财政报告，欧迪恩和 UCI 赢得了六年中的最好收益，来影院观影的顾客增长值超过市场平均值近三分之一！2016 年 7 月，欧迪恩和 UCI 院线集团宣布被中国企业大连万达旗下的美国连锁 AMC 娱乐集团（AMC Entertainment）以 9.21 亿英镑收购。大连万达是世界最大的影院运营商，由中国首富王健林领导。欧迪恩和 UCI 院线会继续设在伦敦，作为 AMC 子公司运营。

价值观有错就改

默林娱乐集团是世界第二大观光景点运营商。该公司跨四大洲在 23 个国家运营 110 处景点，包括度假主题公园和地标景点，如海洋馆、杜莎夫人蜡像馆和乐高乐园。

默林首席执行官尼克·瓦尼说，他最关心的就是公司文化：

"我们从 1999 年的 400 名员工增长到如今的 2.7 万人，大部分情况下人数激增都来自兼并。每当有另一个公司的一批员工加入时，就需要确保他们融入共同的公司文化。这要从领导者开始。我 1990 年加入公司，我爱自己在公司做的每一件事，我会让其他人看到。让公司每个人都对我们的工作、我们的品牌充满热情，才能在增长中维持真实的文化，这是一切的核心。

"我们常讨论在默林是什么概念，我们很清楚，最重要的是每个人都对公司爱得真切，倾注心思，热爱团队协作，不推诿责任。那种一进来就想推卸责任的员工不宜久留，因此我们的强大文化要求员工言行一致，都专注于为顾客提供令人深刻的记忆。"

一次特大兼并后，默林领导团队力争创立一系列价值观，作为默林和新兼并公司的共同价值观。尼克·瓦尼说：

"我们最后讨论出来的内容好像就是无法融入文化——很像自上而下强加的公司总纲,后来,一位非常优秀的人力资源负责人告诉我们,这一套价值观不是我们日常工作中体现出来的价值观。我们抹去这一切,重新开始关注我们现实中有机形成的价值观,表述出来,不再努力将从课本中读到的那种价值观强加于人。

"我们很清楚,这都是为了给人们带来印象深刻的记忆,让他们离开后还能回味无穷,伴随顾客几周、几个月甚至几年。我们很幸运,能在这样的公司工作,没为顾客带来美好的体验,就是我们眼中最糟糕的事情。"

他补充道:

"我们的抱负是继续快速增长,在四大洲扩展,所以我每天早晨、中午和晚上都关心的大问题就是我们的员工和文化。我总是告诉员工要忠于自己,真正感到为公司自豪才留在这里工作,因为对手中事业的深深自豪感处于我们狂热和激情的核心地位。我们工作的关注点是如何把人们从每天繁忙、不时还会遇到麻烦的生活中解放出来,把他们带入另一种魔法世界。我们需要让员工热切投身于实现这一目标。"

领导也许希望在实践中体现价值观,自己可能也已坚持践行这些价值观,但还需时常检查最前线的员工是否在践行价值观。

领导者应深入一线理解文化

在伦敦,伦敦交通(Transport for London,TfL)每天会承载 3000 万次旅行。

伦敦交通是城市的综合交通局,负责大伦敦地区的交通系统主要部分。该组织主要由三大部门构成:

- 伦敦地铁：首都的地铁网络；
- 伦敦轨道：含码头轻轨（Docklands Light Railway）和伦敦电车；
- 地面交通：含伦敦公交、伦敦水运、伦敦进城费、伦敦街道，以及为著名的黑色出租车和其他私人租用交通工具发放许可的公共运输局（Public Carriage Office）。

本书写作时，伦敦有860万居民，人口达到历史最高。预计到2030年，该城市人口将达到1000万，由于新型交通系统还要很久才能计划实施，伦敦交通的重头戏之一是面向将来做规划。

弗农·埃弗里特（Vernon Everitt）是伦敦交通顾客、传播和技术总经理，他负责伦敦交通的顾客和技术/数据策略及其实施，包括票价和支付操作、联系中心、顾客咨询、员工敬业度、营销和顾客意见、媒体关系、公共事务、旅行需求管理以及所有核心和运营技术。

他关注伦敦交通如何运用技术和公开数据让公共交通和路网更加便捷，如何让伦敦交通的员工为顾客提供更好的客服。弗农·埃弗里特说道："我们的组织有着浓厚的工科文化背景。我们的领导团队得关注这一事实：我们是通过交通实现的巨大零售客户服务组织。我们雇佣3万人，公交公司还有5万人，我们的整个供应链中还有6万人。"

将工作和目标直接联系起来

"我们聚焦于让全体员工热情投入，"弗农·埃弗里特说，"这要通过各种不同层面的不同原则来实现——要认识到环境的变化，要带着热情和自豪感工作。要将我们的日常工作与维持世界一流城市的运转联系起来，这样伦敦就能不断为经济发展提供动力，始终是驱动住房、就业、增长和财富的国家资产。"

弗农·埃弗里特称，发展组织文化即透过顾客的眼睛看生活的问题，要学着从那个角度看伦敦交通做的事情。"2012年为了将伦敦奥运会办成

九　文化即竞争优势

伦敦史上最特别的盛事之一，我们真正联合起来迈出了一大步，那年，来伦敦的人数飙升。一个共同的目标让我们热情洋溢地聚在一起，绝不能失败。在那种共同目标的指引下，我们带着不同眼光看顾客服务。"

伦敦交通的目标是："维系伦敦运转、工作和增长，让伦敦生活更美好。"它的宏伟目标是成为以顾客为中心、受商业利益驱动的组织，让每天依赖它的数百万人付得起车票。弗农·埃弗里特说："我们知道我们为服务伦敦而存在，并始终认为每一段行程都很重要，每天有3000万段行程，所以这绝不是小承诺。"

承诺每段行程皆非小事，他们要让团队中的每个人都明白、信守这个承诺，让每位乘客都看到每段行程都受到了重视，弗农·埃弗里特说："我们从世界一流的零售商和服务供应商那里汲取经验，分析自己的顾客策略和途径，我们明白，做错的时候怎样回应，将决定声誉。"

弗农·埃弗里特说伦敦交通的领导团队在倾听员工上非常用心，员工每天与顾客进行直接交流，对如何提高服务水平最有发言权：

"曾让我们的员工备受困扰的问题是，如果顾客要投诉或咨询，他们必须告诉顾客拨打商业税电话。我们根据反馈改成低税率电话后，员工在提供服务时备受鼓舞。很简单，却非常强大，让组织活力四射，从此之后我们做了数百件类似的事情。这些都是为了让员工看到，我们希望移开让顾客不舒服的事情，这个意愿要求我们让最了解顾客的人积极参与进来——让我们的一线员工参与进来。"

理解员工感受，优化顾客体验

为此，伦敦交通发起面向领导的"一线体验"行动，那年，高管都必须在一线工作至少两周，在地铁上做现场督察员，在公交上提供服务或等船来时在甲板上拖地。"只有这样，只有深入员工，我们才能真正理解他们的体验，帮助他们提供更好的服务。"

弗农·埃弗里特说，文化常常取决于你给员工的环境。"技术意味着我们可以把车站员工从难以沟通的玻璃屏幕后带到公共区域，在顾客最需要他们的时候为顾客提供帮助，这就能极大改善顾客体验，驱动不同的文化。我们提倡以顾客为中心，用技术和信息武装员工，让他们有能力做服务于顾客所需的事情。"

培养以顾客为中心的文化，实质是保持方向一致——保持功能方向一致，保持目标和价值观方向一致，保持技术方向一致、让员工提供优质服务，保持组织中全体领导者方向一致。弗农·埃弗里特解释道："每个人都要忠于这种文化。"

领导者必须时刻关注所选价值观产生的影响。例如，倘若呼叫中心重视处理来电的速度，尽管能带来明显经济效益，却会让顾客反感，顾客希望时间足以解决问题。如果员工忠于速度至上的价值观，可能会做出让顾客感到缺乏尊重、愤怒的举动，这对商业利益实则会产生负面影响。

价值观是维系顾客和品牌的情感纽带

福特经销集团福特信托公司董事长兼首席执行官史蒂夫·胡德称："管理者可能会换，但如果你能将自己的价值观植入员工所做的每件事，就能为品牌创造与众不同的事情。当代客户看重价值观，会根据你表现如何做决定，而不只是根据产品质量。"

尽管福特信托每年出售超过 10 万辆汽车，但史蒂夫·胡德明白，要让顾客真正爱上福特品牌，不只是爱自己购买的车，否则公司就很难增长。"文化非常重要，对吸引合适的员工、赢取留住顾客都很重要。如果没有践行公司价值观的热情员工，想留住顾客就很难。"

戴维·斯泰瑟姆（David Statham）是英国东南铁路公司（Southeastern）的总经理，这是一家为英格兰东南部提供铁路服务的英国铁路公司，他完全赞同这个看法："价值观是维系顾客和品牌的情感纽带，所以你选择并坚持践行的价值观对成功至关重要。"

东南公司由交通运营领跑者 Go-Ahead 和 Keolis 的合资公司 Govia 运营管理,从 2006 年开始在伦敦、肯特和东苏塞克斯之间运营列车服务,这是英国客流量最大的铁路网之一。东南公司还和 Javelin 火车公司共同运营着英国第一家国内高铁服务,高铁由日本日立公司（Hitachi）建造,时速达 140 英里（约 225 米）。

东南公司员工超过 4000 人,在 178 个站点服务于每天乘车的 64 万名乘客,包括伦敦的查令十字站、维多利亚站、黑衣修士站和圣潘克拉斯站。这些站点一年加起来就有近 2 亿段运程。

"保持顾客愉快就能确保长期稳定,"戴维·斯泰瑟姆说,"如果我们希望 2018 年获得特许权更新,就要在竞争中维持较高的乘客满意度。"

2013 年,由于塌方和其他问题导致基础设施建设面临挑战,东南公司部分路网不得不关闭长达 8 周,因此顾客满意度降至有史以来的最低水平,从 84% 下滑到 72%——降幅很大。戴维·斯泰瑟姆说:"领导团队最大的一个问题,是要重新赢取顾客的信任,让顾客恢复对我们的信心,因为能让我们再次取得特许权、在未来竞标中获得其他业务、增收以及激励员工的,是声誉。"

公司面临的挑战之一是重修运营的基础设施,有些部分从维多利亚时代起就不曾翻修过。"这出现了双重挑战,"戴维说,"我们为未来修建铁路,同时还要应对越来越多的乘客——自 2006 年赢得特许权后乘客人数约增长了 40%。那时,我们大约每天额外增开 200 多趟车次。"

面对这些挑战,戴维·斯泰瑟姆和他的团队重新思考东南公司的目标和价值观。旧有价值观陈述（"携手共进让人们团聚"）已经不够振奋人心。"我们的员工在列车上或站台上时,有时要在紧张的情况下做决定,我们不可能为每种情况都制定规矩。你需要提供框架,让员工每一天都能自行做决定。只有为员工注入目标感和价值观,才能让他们自主做出正确决定。"

因此,东南公司将目标表述为"为顾客带来前所未有的乘客体验"。戴维·斯泰瑟姆说,这是与员工谈话、了解他们到底为何起床工作的结果。

他们的三年大目标是将顾客满意率提升到85%——创最高历史纪录。

"你要让目标和价值观与个人联系起来。"戴维说,"那些在我们路网上旅行的人,是我们的同事、亲朋好友和邻居。所以这其实就是在照看自己身边的人,让每位成员都明白自己能做一番事业。不管是微笑的检票员、确保及时和供货商结账的财务人员,还是清理车站的承包商——每个人都有机会做一番事业。"

东南公司价值观陈述是:"简单地说,乘客就是我们的一切。他们看重的,我们也看重。我们的价值观指导我们去做乘客认为正确的事情。"戴维解释道:"只有当乘客明白我们的价值观和目标是以他们为中心时,我们才能达到满意度目标。"

用强大的价值观激活员工

若能培养更多领导者,组织的灵活性就会增强。要想培养更多领导者,就要让人们不用在管理层上上下下请示就可以自行决定。如果领导者能拿出让员工产生共鸣的目标和清晰的原则,就能让各层员工在必要时迅速做出决定,且明确自己做的是"领导应该会做的决定",这样哪怕领导者不在场,也能影响决定。

莫斯兄弟服装公司董事长就给出了很好的例子。2010年,莫斯兄弟集团有限公司(Moss Bros Group Plc)遭遇危机时刻。该集团旗下有几大品牌:Moss、Moss Bros Hire、Savoy Taylors Guild 和 Cecil Gee。它曾是伦敦证券交易所的上市公司,但连续几年亏损后于2010年现金不足,165年的基业成了沉重的包袱。集团没有将老式商店现代化,而是孤注一掷,将资源投入打造新品牌,几种战略还陷入死胡同,最终公司现金耗尽,品牌资产遭遇损失,前途惨淡。

2010年4月,英帝国勋爵黛比·休伊特被任命为非执行董事,与新任命的首席执行官布赖恩·布里克(Brian Brick)携手扭转公司局势。2015年我采访黛比·休伊特时,她正"开足马力"。她是英国最忙的女商人之一,还是一对7岁双胞胎的母亲,丈夫是一位繁忙的成功人士,两处住房,生活无比繁忙。

她最初在马莎百货（Marks & Spencer）工作，随后加入了 Lex Service 有限公司，那段时间她边卖二手车，边在巴斯大学攻读工商管理学硕士。随后，她加入 RAC（英国知名消费者品牌，提供道路援助和普通车险，为 Lex 的子公司）成为运营经理，很快升至总经理。

离开 RAC 之后，黛比·休伊特开启了投资搭配的事业，现任餐馆集团有限公司（The Restaurant Group plc）董事长，该集团为 Frankie & Benny's 和 Chiquito 品牌的运营商，兼任 NCC 有限公司和 Redrow 公司非执行董事，并在私企 White Stuff、威士（英国）及 Domestic & General 等担任非执行职位。对于如何最有效地鼓舞员工，她很有想法。

不在场时如何引导员工

黛比·休伊特说："作为领导，我对这个想法很狂热：如何才能在不在场时引导员工。我的意思是，领导怎样才能让各级员工自主做决定，哪怕领导不在，员工也明确公司使命和价值观，明白哪些决定有助于公司成功。公司越来越大，就更需要每位成员都明白领导的想法，需要赋予他们实现这些想法的能力，这很重要。"

但周转期中，鼓舞人心就不是首要任务了，生存才是最重要的。首要任务是控制莫斯兄弟的现金流转，为公司输氧。公司有 4500 位同事，许多工作时都遭遇了严峻挑战。这让他们在工作中状态很差，无法提供优质服务。

周转期早期，莫斯兄弟的执行团队就做了许多残酷的决定，面对员工，他们的真诚不失残酷：

"我们要说出问题，让他们帮忙一起解决。执行团队很清楚，若想讨论愿景和价值观，就要先稳定局势。在危机中谈长远规划和鼓舞人心的目标——就是在敷衍员工——那会儿我们随时都可能要把钥匙交给银行。那时讨论规划和目标无法激励员工，因为他们可能在想，下周还会不会发工资。

"然而，我们一看到进展，就立刻转向思考如何才能发展业务。我们的首席执行官布赖恩·布里克和他的团队在扭转公司局势上做得很出色，我们可以憧憬光明的未来了。在这个阶段，我们需要让一线团队投入。"

"经多次商议后，我们很快就明确了使命陈述该怎样写。之前的使命陈述，是成为英国最棒的正装专家，但这并不能让员工投入或充满活力。感情不够，也很难成为人们每天来上班的理由。感情充沛的目标，效果是很不一样的。我们要用感情充沛的语言来描述。多次讨论后，团队倾向于使用这条使命'让男人感到不同凡响'。

"这足以转化成柜台的日常行为，我们有真真切切的感受。也许，我为你选了一件很贵的套装，但你穿起来效果不好，也不能让你感到不同凡响，虽然很想卖，但还是不能卖。这就能充分体现我们的价值观。"

集团的战略是将以顾客为中心作为目标，打造多渠道的男装公司，"成为最棒的男装专家"。

让员工感到不同凡响，让顾客感到不同凡响

虽然有很多操作层面的问题有待解决，如投资新产品、翻新店面、培训员工、将莫斯兄弟的形象现代化，但员工的动机和道德准则始终处于公司恢复的中心。"我们明白，只有让员工感到不同凡响，才能让顾客感到不同凡响。"黛比说：

"我们不只是改善培训、发展以及工作条件，还重塑了我们的文化。在这件事上，我们花了更长时间，我们招聘了新人事主管、植入合适的价值观，任命新人事主管让我们对重塑文化充满动力。经讨论，我们同意要先'践行价值观'，再'梳理整合价值观'。我提议布赖恩和他的团队先集中在行为上。如果不能让员工全身心地投入，就不能成功让公司增长，这需要通过高层领导团队的行为来做到。"

九　文化即竞争优势

下列为莫斯兄弟的价值观：

1. 顾客就是生命：我们深切关注、理解预测顾客的期待，无论他们何时何地购物。做正确的事情就是我们的动力，明天和今天一样重要。我们提供无与伦比的个性化服务……在当今世界是惊喜，是快乐。
2. 所向披靡的团队：不管是在店面、总部办公室还是配送中心，我们都会共同努力、言行一致，努力为公司产生最佳收益寻求双赢解决方案。我们深信团队合作的力量，以信任和尊重为基础发展人际关系。
3. 热情的专家：我们在男装裁剪方面非常专业，对产品深感自豪，让顾客穿出风格：努力让顾客看起来气度不凡，感到不同凡响。顾客对我们有信心，我们很专业。这种专业性、激情和热忱能带来回头客——能让我们的公司发展。
4. 自豪地出售：售出每一件产品都让我们感到开心，成功让我们兴奋，这是让我们每天起床上班的动力。我们要为顾客提供愉快的购物体验，以此俘获他们：激动人心，不复杂，简明。我们不轻易放弃，努力工作，让顾客和公司收获最佳结果。

这些价值观与目标——让男人感到不同凡响——配合起作用。与此同时，坚实的战略工作和文化复兴对员工职业道德和行为都产生了极大影响。本书出版前的年度报告显示，莫斯兄弟集团有限公司总收入和利润都有了极大提高，连续两年赢利，对股东来说是一种莫大的鼓舞，多家股票经纪公司金融分析师也推荐投资者购买莫斯兄弟集团有限公司的股票。许多人预测股价会有出色表现，能为投资者带来极大回报。

不管领导者是否在努力引领文化，它本身就存在于组织内部。它存在于你的议程中，存在于你关注或不关注的事情中，或无意间体现在你的行为中，体现在你如何对待员工、如何对待顾客中，无处不在。因此，别让文化自生自灭，若是恶化，就会损失很多资金和顾客，还会引发员工的高流动率。领导者应关注组织文化，这是有据可循的，正如哈佛商学院教授、作家约翰·科特（John Kotter）长达 11 年的研究所显示的那样。他发现，比起那些文化不够清晰的组织，文化丰富、健康的组织收入增长高出 7 倍，也更容易吸引人才，从而能持续产生价值。

在高绩效文化中，员工有强烈的个体感和集体目标。若想实现高绩效文化，就要以正确的方式使用目标、价值观和大目标。

下一章预告：目标框架。

第九章提要

1. 认真选择价值观，确保反映组织的基因。价值观可以助你达成目标。
2. 让领导者和管理者走进一线，以便理解组织既存文化，思考哪些需要改变。
3. 目标和价值观必须紧密相关，让组织每个人都能在领导不在场时做决定。
4. 结合目标和价值观创造方向一致的议程，以此驱动各种探讨——不只是探讨做什么，还要探讨怎样做。
5. 确保中层管理者在践行价值观上多花时间，他们决定文化兴衰。
6. 价值观对员工来说很重要，他们期待管理者以一致的态度践行价值观——调查显示，在员工是否认为管理者相信并依据一致原则践行价值观方面，存在令人担忧的隔阂。
7. 留心哪些政策会阻碍员工践行价值观。要说扼杀敬业度和动机，没什么比这更快了。
8. 价值观是维系顾客和品牌的纽带，因此要确保内部文化和外部期待具有一致性。

十
走向成功的框架

整合目标、价值观、愿景和目标,保持方向一致

要想转变绩效,就需把所有人都统一在组织的目标、价值观、目标之下。清晰表述、有效沟通的目标框架有助于指引、统一、激励一大群员工的正确行为。做不到这一点,改善计划就会迅速蜕变成一堆令人费解、引发竞争和矛盾的项目,费时费力,无济于事。

大部分组织都拥有潜力无限的员工,但我认为领导者并没有充分利用员工的潜力,这就是我们面临生产力问题的原因之一。

优秀的领导者对员工的活力、创造力和热情有强烈的信心。他们知道这些人能帮助自己完成大事。下属会感受到这种信念和热情,从而受到鼓舞去超越自己、做出更多成就。这就是良性循环。但这还不够,成功实现改变的秘诀在于,朝同一个方向释放全部精力和创造力。

为此,你需要有鼓舞人心的目标,与员工形成共鸣,让他们愿意每天起床上班。你需要强大的成功愿景来振奋团队。你需要合适的文化,保证这些活力、创造力和热情全部都按照理想的方式投入目标之中。你需要设定一系列组织中人人都能理解的战略要务,因为每个人手中都有与实现战略要务相统一的工作,反过来有助于愿景的实现。统一愿景、价值观和目标,正是打造统一灵活组织的法宝。

成为有远见的管理者或领导者是一件很棒的事情,但采用有意义的方

式为员工阐述愿景同样重要。遗憾的是，我读到的研究都指出领导者在这一方面的有效度存在明显问题。在我前几章提及的奥观调查中，这家国际网络市场调查公司开展了两项量化意见投票（调查了 1884 位管理者和 2121 位员工），隔阂明显到令人震惊。

问及管理者是否帮助员工看清组织前进方向时，80% 的管理者说自己做到了，仅 4% 的管理者表示没有。然而，问员工同样的问题，仅 47% 的员工表示赞同。近三分之一否认，这说明超过半数的员工对此将信将疑。我们的领导者要提高自己制定、传递目标的能力。

员工希望对战略目标有所贡献

理解目标是一回事，但感到自己可以为它做点什么更重要。据奥观研究显示，员工是否能感到自己为组织目标添砖加瓦，对动机有很大影响。那么，管理者做得如何？不怎么样。在这项研究中，虽有 93% 的管理者称他们让员工感到自己为目标做出贡献了，仅 60% 的员工对此表示赞同，超过 20% 的员工对此完全否认。

受强大动力驱使的员工往往会为雇主付出自发性努力。这是员工能够用于面对挑战的努力，与单纯混日子的努力大有不同。员工对自己为目标所做的贡献感受到了多少，是影响他们是否愿意付出自发努力的重要因素之一。在奥观研究中，72% 的非营利性组织的员工称自己关心组织目标，72% 的员工称一般会付出自发性努力。在公共领域组织，63% 的员工称关心组织的目标，67% 的员工称会付出自发性努力。私有领域的员工，仅 47% 表示关心，58% 称自己一般会付出自发性努力。这在我看来，正说明了关心目标与愿意付出自发努力去实现目标之间存在明显联系。

据全球会计事务所德勤研究显示，能够让员工轻松设定清晰目标的组织，出现在公司业务成效得分前 25% 的可能性高出 4 倍。研究还发现，如果员工感到自己拥有目标、感到高管创造了利于实现目标的问责制环境，

十　走向成功的框架

就会极大提高公司业务成效。同样地，如果让员工每季度（或更频繁）修订或回顾目标的组织，得分列入公司业务成效得分前 25% 的可能性高出 3.5 倍。舆观研究还发现，如果领导者时常审视目标和成效，员工就会更有动力。如果领导者审视不够频繁，动机水平就会降低。

只有方向一致，才能成功

如此说来，成功有赖于员工理解并投身于共同目标、有能力设定与共同目标相一致的个人目标。对此我们应时常审视。

为什么？因为如果你想引领团队、分支机构或公司走向成功，就需要在整个组织实现变化。如果你想改变什么，组织中的每个人都要加入，致力于长远规划。这些人是否买账，取决于你对愿景、价值观和目标的表达和沟通是否成功。更重要的是人们能否有效制定自己的目标，让个人目标与企业目标保持一致方向，这样才能明确自己每天的工作与领导为组织指定的宏伟大目标有何关联。

一些战略行动对员工理解手中工作与愿景的联系至关重要，但遗憾的是，领导者在陈述这些内容上显然做得不够。不仅如此，也很少有领导者确保制定一个鼓舞员工设定个人目标的流程，确保公司中每个人、每一项工作都统一在战略行动之下。这些战略要务也有助于构建你的核心文化——让所有人都统一于一系列共同目标之下，这与强大的目标和一系列有力价值观一样，对激发制胜文化都有很大作用。

我常常看到客户公司列出几百项"必须"完成的项目。仔细看看，你就会发现领导团队并没有从战略影响最大化的角度来确认、定义或积极管理这些项目。没有最高管理者的监督，这些项目很多都成了烂尾工程，超出预算或被搁置——对自主愿景和关键目标没有产生任何影响。真是劳民伤财！更糟的是，不少该类项目会让员工分心，难以集中完成使命，于组织实现目标无助。

保持方向一致，君主航空起死回生

没有什么比危机更能团结人心、减少组织冗余项目了。

近来，这种危机就降临到了英国领先的独立旅行集团君主集团头上。该集团的收入大部分来自君主航空，这是一家欧洲休闲旅行航线，每年向地中海和加那利群岛的 39 个目标地输送约 700 万名乘客。该集团还有君主航空工程和维修，不仅为该航空公司自己的飞机服务，还服务于第三方顾客。属于该集团的旅游运营商有君主假日（Monarch Holidays，曾为 Cosmos Holidays）和阿夫罗（Avro）。

集团首席执行官安德鲁·斯沃菲尔德回忆，加入君主集团时，他并没完全意识到集团面临的困境："我没太在意，47 年来这家航空公司都由瑞士亿万富翁家族拥有，我以为它未来自然一片光明。其实不然。我受聘担任总经理加入集团之后，很快就发现它遇到麻烦了，而且会再次遭遇损失。"

至此之前，安德鲁·斯沃菲尔德的事业一片光明，他从 2006 年开始担任 Avios 集团有限公司（Avios Group Ltd）总经理，供职 7 年。他在旅行、航空和航空公司忠诚度方面有 25 年管理经验，曾供职于托迈酷客（Thomas Cook）和英国航空公司，然后转向英国和爱尔兰的休闲销售，同时管理旅行社和旅游子公司。然而，面对眼前的艰巨任务，他还是毫无防备。

"我被吓到了，加入的这家公司很不稳定，瑞士亿万富翁曼泰加扎（Mantegazza）家族认为自己受够了，我的执行董事伊恩·罗林森（Iain Rawlinson）正要离开，在这种混乱局面中，集团所有者让我接替首席执行官。他们还说已经不想要这个集团了，给我 3 个月时间为它重新找主人。"安德鲁·斯沃菲尔德说。

为了找到新主人，集团要进行重组，因为未来公司显然要遭受损失。由于有太多飞机，运营过于复杂，员工众多，集团养老金赤字巨大，开销过大无法支撑。"如果不实施重大改变，没有投资者会感兴趣的。我 7 月

28日被任命为首席执行官，10月24日我把它卖给了格雷布尔资本公司（Greybull Capital）。那是我职业生涯中狂风巨浪最猛烈的阶段——每周平均工作80个小时。"安德鲁·斯沃菲尔德说。

应该再给知名品牌一次机会

"我得承认，在离开之前岗位接受首席执行官任命这件事上，我犹豫了很久，"安德鲁·斯沃菲尔德说，"但君主航空品牌很有名，曾经大名鼎鼎，拥有很大的顾客群体，我见过的每一位员工都非常关心顾客。尽管我们面临绝望的深渊，但我感觉应该再给每个人一次机会。"

欧洲有86家航空公司，半数成本结构都很糟糕，安德鲁·斯沃菲尔德解释道，其中许多家都不得不作出和他一样的艰难抉择。降低成本是关键。安德鲁·斯沃菲尔德说道：

"努力恢复时，我和我的管理团队合作，我们要让飞行员、乘务人员和工程师同意减薪30%~35%、同意新的合同条款和津贴控制。

"我们不得不劝说飞机出租人收回我们不想继续使用的旧飞机。我们不得不裁减超过700名员工，人员减至2800人。我们不得不取消无法盈利的路线。我们不得不为接下来的7年制订具有说服力的商业计划，供挑剔的投资者参考，还要协商计划2018年引进一批新机群。这对波音来说是好消息，我们预定了30架新一代737s，这可以提高我们的运营效率。"

10月24日，君主集团与欧洲家族投资公司格雷布尔签订协议，以微不足道的价格收购了该公司。重点是对方同意提供1.25亿英镑资金投入公司作为90%股本，剩下10%作为养老金保障基金，用于解决养老金赤字问题。

此刻，安德鲁·斯沃菲尔德决定，用自己心目中理想的态度来对待员工——对员工实话实说，尽可能让他们参与共同寻找解决方案。"我必须坦白，如果没有他们的帮助，我们就会崩溃，无法生存。我们这么做很冒险，但他们尊重这份信任，愿意与我们合作降低成本，"安德鲁·斯沃菲尔德说，"然后我们向外公布了100天计划以及7年计划，这也正是我们用来劝说投资者的计划，告诉员工我们有未来。不过，这只是纯粹的财务计划——在经历痛苦的重组后——很快就需要陈述愿景、价值观和目标，将整个公司都统一到发展战略之下。"

个人牺牲是否值得

周转期难点之一，是时常需要对文化进行适当调整，让员工跟你走，并要让员工理解你为何作出这些选择。这部分看似明显。但员工现在看着安德鲁·斯沃菲尔德和领导团队，希望知道公司是否有明天，希望知道自己的个人牺牲从长远角度看是否值得。员工很快就发现墙上的价值观和公司实际价值观很不一致，员工对之前的愿景和价值观产生了极大怀疑。看看吧，他们被逼成这样了！安德鲁·斯沃菲尔德说：

"我们花了很长时间，思考如何表述长期愿景、公司计划、价值观和目标会最有效。我们反思品牌以及我们该如何表达。

"这好比是画树状图。我们明白，用一系列数字和利润目标做基础，很难说服员工采取相应行动。我们需要采用更富于感情的驱动方式，深入员工内心，与他们产生共鸣。我们也知道，这需要根植于公司中人人都要出力的清晰战略要务中，根植于一套能帮助我们实现目标的新价值观中，根植于能够与员工产生共鸣的品牌定位中，建立在他们作为君主公司员工的自豪感上。我们要在指南针框架中涉及所有这些问题。

"我们将长期愿景定位成：'成为欧洲口碑最好的航空集团'。我们知道，实现这一点还要再等一段时间，但我们知道每个人都愿意帮助我们实现，也知道这是可以测量、可能实现的目标。"

十 走向成功的框架

安德鲁·斯沃菲尔德和他的团队随后将集团目标定义为:"展现我们的关爱。"

寻找愿景和目标并进行定义可不容易。这个领导团队广泛征求意见,包括询问股东,与此同时,他们也注意确保表述内容与组织基因形成呼应。让组织中每个人都明白自己可以为长期愿景做贡献的关键,是定义中期目标、明确实现计划需要通力合作的主要任务。

他们将中期愿景表述为:"让乘客数量和利润翻倍。"

为此,君主航空制定了六大战略目标:

- 建立强大的资产负债表和具有竞争优势的成本结构;
- 增加乘客总数,同时维持核心顾客忠诚度;
- 制订可以盈利的全年飞行计划;
- 成功引进新机群;
- 获取欧洲航空公司最高净推荐得分;
- 成为最佳欧洲旅行公司雇主。

"每个目标下都包含一系列任务,指引我们如何实现目标,能够让每一位员工明白我们的战略。"安德鲁·斯沃菲尔德解释道。

随后,公司还表述了四条对成功至关重要的行为价值观:

- 在每段行程中赢取顾客赞誉、忠诚度和口碑;
- 以提高绩效为动力;
- 互相支持,开展团队合作;
- 做任何事情都要灵活、高效。

在一页纸上整合战略

安德鲁·斯沃菲尔德说,上述价值观的每一条下面都列出了四五条行为说明，以便明确含义：

"只有通过详细说明，才能帮助我们培育推动长远成功所需的文化。所有这些都会在我们的指南针框架集中在一页之上，因此更连贯，展示出我们陈述的情感和理智两个层面。推出指南针框架的第一阶段是寻求反馈意见，让每位成员参与进来，设立特别反馈渠道、邮箱地址、跨部门小组，发送调查，在论坛中讨论并创建内网论坛，邀请员工分享看法。员工真的做到了，还做了很多。"

接下来就要向高层100位管理者展示该框架，请他们找碴。他们开设了特别研讨会，找出该框架在应用中可能存在的问题，搜集所有反馈然后付诸实践。安德鲁·斯沃菲尔德说："我们让管理者提名团队中有意无意间亲身践行这些价值观的人，指定他们为指南针大使。那些接受任命的员工将成立有力的工作组。这些大使将成为所有行动计划的可靠反馈委员会，反过来为我们进行反馈，我们会在发出沟通简报、员工敬业度预算花费之前，提前向他们征求意见——这是在君主航空的员工中传达想法的好主意。"收集反馈并运用于未来计划，管理者认为这样的框架能够直接反映团队自己表达的意见——让团队成员心甘情愿地应用自己输入提议的话语，要简单得多。

安德鲁·斯沃菲尔德总结说："我们明白，有些事情不会一夜之间改变。我们的指南针是要长期坚持下去的，我们希望员工投身于我们的愿景和价值观，有所准备，有所联系。2014年，我们失去了战略方向，走向深渊——12个月后，我们又回归正轨，继续前行。"

（2015年12月7日，君主航空发布了如下新闻稿："君主航空，领先的独立英国休闲航空集团，在更换产权所有者一年后强势回归盈利状态。截至2015年10月31日，君主集团预计全年收入税前超过4000万英镑。这意味着与前一年亏损形势相比，周转了1.3亿英镑。"）

走向成功的框架

君主航空的领导团队创建了一个框架，将长期目标、短期商业计划（或称三年大目标）、战略目标和价值观全部整合收于一页之中。这种做法的妙处即能够让每一位员工都看见自己做的事情如何助力组织成功。这种框架让他们得以审视自己的表现与组织价值观是否一致，他们的所作所为是否有助于关键战略行动，他们所做的决定是否有助于推动公司向长期目标前进。

英国国家信托（National Trust）前首席执行官菲奥娜·雷诺兹女爵（Dame Fiona Reynolds）将其赞为"走向自由的框架"。她说这种框架能够赋予领导者自由，因为这样每位成员就都有能力自行做决定，根据该框架明确怎样做比较妥当。

君主航空通过陈述六条战略要务，明确了公司从现实向长远目标迈进需关注的重点。它为领导者提供了有力框架，便于审视当前项目，思考公司期待它们对使命产生怎样的影响，然后把精力集中到能解决紧迫问题的项目上。这些战略要务不是确保"一切正常"的计划，而是为了实现君主航空宏伟大目标而特别制订的。该框架让领导团队优先关注少数能够真正推动公司战略执行的事情，也让他们能够赋予员工制定个人目标的权利，以此驱动敬业度，然后进一步统一前进方向。

每次为领导团队举办研修班，最后往往是紧锣密鼓的共同愿景制定阶段，我们会判断这些公司的现实状况距离愿景有多远。谈论共同愿景，自然会让他们辩论探讨需要集中应对的战略要务、判断能够让他们跟踪目标进展的成功指标。我研究了本书采访所有领导者的愿景框架，也研究了公司网站看到的许多愿景框架，显然，其中存在相似结构。

他们会列出核心目标（存在的理由），以此确定接下来的10年或更长时间内的宏伟大目标是什么。这个宏伟大目标是可测量的，但也要付出极大努力，将成为组织未来的指南针，每个决定都要以它为指导。虽然这个目标可能要花 10 年或更久才能实现，但大部分组织往往会列出通往成功的战略途径，通常是在公司计划时间之内——换言之，接下来三年左右的计划。指南针和战略愿景都会成为实践核心目标的成功指标。

与员工目标相关联的战略行动

接下来是描述战略行动，通往不超过六种，在后续两三年中集中精力实现战略愿景。这些都是清晰可行的行动，员工可以理解，并会以某种方式做贡献。他们通过制定与之统一的个人目标——有助于实现计划的战术，在组织各层面做出贡献。所有这些行动都会由一系列核心价值观指引——驱动行为的信念，为公司实现目标铺路的行为。

下一部分，有的公司会描述使命，结合向顾客做出外部承诺的品牌标语，解释他们实际需要做些什么。有的公司还进行意向陈述，表述员工价值观取向、描述员工为公司效劳可以获得什么。

之前我在书中描述了心理学家詹姆斯·克伦博和伦纳德·马霍里克于 1964 年制定的生活目标量表。今天，这一量表还被心理学家广泛使用。詹姆斯·克伦博和伦纳德·马霍里克称，生活目标量表基于以下三个维度：

- 相信生活的确是有目标的；
- 维持个人价值体系；
- 拥有实现未来目标和面对未来挑战的动机。

目标、价值观、目标。这是当今大部分公司都在使用的结构。

全新目标、愿景和价值观框架挽救健康护理公司危机

列出指南针、愿景和价值观框架，最为人所知的一大好处即能够赋予员工自主做决定的能力。艰难抉择应由领导者来做，我们期待领导者扭转混乱局面、对抗模糊性，给我们清晰感和方向感，我们期待一切由领导者

做决定，我们期待领导者始终作出正确决定。

但我们知道，有时候这几乎是不可能的。我认识许多领导者，有时开玩笑，说他们不太担心决策问题，因为他们只需要做对51%的决定就可以了。其实不然，在艰难形势下作出明智决策非常具有挑战性。一个糟糕的决定就能毁了公司，这在所有领导者眼中都是噩梦。问题是，如何判断哪个决定会造成致命威胁？

欧洲一流的家庭健康护理和专业药品供应商之一Healthcare at Home公司就亲身经历了这个问题。一个糟糕的决定让公司崩溃，无法获取重要的健康护理信息，给数千名病人带来麻烦，引发紧张情绪。

该公司成立于1992年，旨在改善病人家庭健康护理，公司在过去的24年中为140万位病人提供了健康护理服务。Healthcare at Home有1500位员工，目前每年服务于超过15万位病人。它为病人提供以护士为主导的护理、医疗和药物配送，在英国、德国、奥地利和瑞士运营，服务的病人患有罕见、急性或慢性疾病。2013年，Healthcare at Home从退出英国市场的另一家药物配送公司Medco Health Solutions手中接过约3000名病人，这为公司增加了巨大压力。

物流灾难殃及病人

库存和物流是Healthcare at Home公司的核心。为了实现增长计划，2014年，领导团队决定将自营配送换成外部公司配送。管理者认为这种变化能提高服务，但部分新信息系统几乎在承包商一接手时就出问题了。这次信息技术故障导致了物流灾难，让有生命危险的病人担心药物无法及时送达。（Healthcare at Home公司一般通过护士或处方药派发分销配送重病患者，如癌症、血友病、艾滋病、多发性硬化，或接受生育治疗、器官移植术后恢复药物的病人。）

正常情况下，该公司每天会接到3000个配送状态查询电话，信息技术问题出现后，每日查询电话超过1万，来电病人遭遇收不到配送药物、药品错误以及一再延误和推诿等情况。此刻，娜塔莉·道格拉斯介入混乱局面，该公司私募股权所有者请她来挽救局面。Healthcare at Home 公司是一家年交易额达 10 亿英镑、税前利润 1500 万英镑的公司。公司私募股权所有者担心他们的投资会付之一炬。

娜塔莉·道格拉斯接任首席执行官，她在医药产业拥有丰富的从业经验。她是稀缺药品专业供应商 Idis 的原首席执行官，也曾在 Shield Therapeutics 等公司任董事，在医疗保健领域有 20 年从业经验。这是她对事情的描述：

"我们的顾客——国民医疗保健和医疗产业，被发生的一切惊呆了，投资者也是。我们接受了医药监督小组的调查，还会上头版头条——报道的显然会是不光彩的一面。我们被病人投诉包围了，公司近乎瘫痪。1500 名员工中 60% 是医护人员，绝大部分是护士。我们是充满关爱的公司，病人是我们最关心的人，没能很好地帮助病人，让我们每个人都无比沮丧。

"整座大楼都火急火燎。员工很难过，不少人出现了焦虑生理反应。我们经历了很高的员工流动率，在职员工常常哭泣、情绪激动。大家筋疲力尽，竭尽所能努力解决问题。我进去的时候，他们已经过了几周这样的日子。"

恢复的关键是谈话

"我做的第一件事情就是尽可能多地和组织中身居要职的员工进行一对一的谈话。这非常重要，首先是表明我愿意倾听，其次是表明我尊重他们的意见。我还想让他们明白，我们能够迅速解决问题。领导大家走出危机的关键是尊重和倾听。后来发现，之前的糟糕决定显然是领导不顾一线员工反对做出的——所以想象一下吧，这回员工自然会怀疑管理者是否愿意倾听自己的意见。

"在努力表示理解，表示我和他们一样关心公司的同时，还是需要解决问题的。显然，我们不仅要尽快解决问题求生，还要尽快制订积极的长远计划，让员工重新热情投入工作，愿意留在这里。

十 走向成功的框架

"我们花了12周恢复业务,那时的重心、操作和方向都是围绕最重要的事情进行。我们将关键绩效指标从300个减到7个,以求专心。通过表现我愿意倾听、愿意将他们的想法融入计划,我们得以让员工在重大转折期投入工作。我在团队中看到了令人震惊、鼓舞人心的领导典范,因为我们不仅恢复了崩溃的公司,还安慰了很多崩溃的员工。

"我们决定,不能将仓库和物流承包出去,这是个重要决定。与之相反,我们要将仓库和核心能力牢牢把握在自己手中。我们不能让这些仓库有冗员——实际上,我们打算扩展该方面能力。为此,我们需要投资者全力支持。公司很快就稳定了。求生存是一回事,求繁荣是另一回事。因此,我们要制订长期计划。那年年底,我们准备好了一个要持续到2020年的战略计划。2015年1月前,我们要把它呈献给整个公司。

"员工需要明白,我们拥有长远的未来,他们的努力是值得的。我们举行了三次聚会,每次500人,我站在中间,为他们解释计划。其他管理领导组成员分散在房间各处,解释完愿景后,员工就可以问他们关心的任何事情。

"这是领导团队要站出来的时候,需要解释公司走向、每个人要做些什么帮助公司前进。这些机会之所以如此振奋人心,主要原因之一是我们说明了每天为什么来工作。我们讨论了病人,但没有把他们当成病人来讨论,而是当成我们服务、关爱的对象。"

员工起床上班的动力

"我们现在的目标陈述是:'他们的故事、勇气和韧性鼓舞了我们,我们为自己的职责骄傲,我们为自己照顾患者的责任骄傲。为了将最好的关爱、服务和照料奉献给我们最关爱的人、最可敬的合作伙伴,我们要不断创新提高。'

"我们集中在让员工起床上班的理由上。我们的员工都知道,没有谁喜欢上医院,在医院病人会紧张,也不方便,可能还有点儿吓人。他们知道，如果有非常专业的医疗团队能够在家提供照料和所需的专业医疗服务，病人的生活会更好。不用奔波，不用等待，不用紧张，病人没有小烦恼，可以专注于重要的事情。

"我们集中表达这种热情，告诉员工我们的组织如何在造福他人，这非常重要。公司增长发展，就能在更多地方造福民众，去世界各地服务。对我们的员工来说，增长发展的意义不仅在于利润增长，而是为了去更多地方做有益的事情。赚钱能满足继续为我们投资的股东，让我们不断发展。

"因此，我们要集中力量让员工了解公司的方向和长期愿景，现在我们表述为：'为世界各地的千家万户带来振奋人心的家庭医疗服务。'这将指引我们的未来。

"但为了实现长期愿景，我们要制订中期计划，并将其描述为使命。我们是这样表述的：'到2020年，照顾200万病人，在世界各地提供家庭医疗服务。'这是更具体的小目标，只有实现我们的四个战略目标才能达成，这四个目标分别是：

- 开发药物输送渠道；
- 跨不同市场领域服务更多病人；
- 打造金牌家庭医疗服务组织，提供解决方案，收放自如，高效运营；
- 以病人为中心，打造由医师和数据驱动的公司。

"有更多具体战略为这些战略目标打基础，在这里，公司中的个体可以看到自己如何能为实现使命和愿景添砖加瓦。每年我们都会特定小目标，并会清晰呈现出来，有时每季度更改一次。实现这些目标需要人人参与，让员工高度投入，表明我们在实现使命和愿景的道路上前行。

"所有这些——愿景、使命、阶段性目标、具体小目标，都表述在一张纸上，这样公司中每个人都能轻松地理解我们想做什么、我们期待员工做什么。

"如果公司能达到目标，我们的病人和国民医疗体系就会受益匪浅。比如，要是病人能准确及时地拿到药物，全国需要急救服务的病人将减少40%。急救服务紧张，下班时间约不到医师，在医院等好几个小时，出现这些情况时，减少40%的就诊需求就能带来极大改善。每个人都会受益——纳税人、医院员工、病人、政府、经济。这么说我们可以为所有人创造价值。"

新的愿景、使命和目标能否提高绩效

可以，娜塔莉·道格拉斯说：

- 呼叫等待时间最短为9秒，整个客服团队平均值为31秒。
- 相比最困难时期，现在接到的投诉电话减少了70%；相比困难时期之前，减少了40%。
- 我们在过去的12个月中调查了超过3万位病人。令我们欣慰的是，调查对象中91%的病人愿意将Healthcare at Home推荐给亲朋好友。

娜塔莉·道格拉斯说："我坚信，我们还会不断进步的，因为员工热情高涨。为了完成使命，我们需要让家庭护理从单纯的开销问题转向价值问题。这对每个人都很重要——我们的病人、国民医疗体系、政府、纳税人、制药伙伴、股东以及每一位员工。"

和君主集团一样，Healthcare at Home公司在一页纸上铺开了愿景框架。他们列出的战略要务在具体战略行为上更为充实，这使员工与企业目标联系在一起。在一张纸上列出战略，两家公司都受益无穷。

让员工在工作中制定具体目标

英国—澳大利亚跨国金属矿产公司力拓集团（Rio Tinto Group）仔细地将愿景、价值观和战略融合在一起。集团组织资源执行董事雨果·巴格（Hugo Bague）说："在判断哪些价值观对我们重要、确定公司关键文化特质方面，我们做得相当不错。但秘诀是不能孤立地作出判断，要将其与公司战略、愿景联系起来，还需有经得起考验的执行能力。对我们来说，这就意味着如果有人没采用符合我们价值观的方式，即使取得了优秀的商业绩效，也要承担后果。"

力拓是世界领先的全球矿业集团，为许多产业和国家供应金属和矿物资源。该集团经营的主要产品为铝铜合金、铀、煤矿、金刚石、工业矿产。集团在六大洲运营，2015年总收入约350亿美元，在全世界有5.5万名员工。雨果·巴格说：

"我们公司需要实现良好的经济效益，就要保证安全，要与当地社区紧密合作，但还要在经济形势中做出回应，我们必须让众多不同类型的运作与文化保持一致的方向。对我们来说，方向一致的关键在于转化。你需要让员工把与自己工作相关的部分以自己的方式转化成手中的具体工作，形成制衡。这是让员工投入的唯一方式。我们的信念是，要求员工像公司所有者那样行事。这意味着你不是所驾驶卡车的主人，而是力拓的共同所有人。这意味着员工也要多多关注大局，将其转化成卡车司机能做的事情，为公司增添价值。你要给员工自由，让他们将大战略目标转化成能带入自己世界的行动。"

如何串联目标、保持方向一致

OKR代表的是阶段性目标（objectives）和主要成果（key results）。这是判断跟踪指标及其输出结果的常用方法，阶段性目标主要成果法中的主要目标将公司、团队、个人目标与可测量的成效联系起来，让员工向同一方向并肩前行。阶段性目标主要成果法的关键在于，确保每位成员明白自己的工作该怎么做。阶段性目标主要成果法需要进行公开清晰地表述，这样团队中的每个人就能向同一方向前进，也知道其他人的工作重点。阶段性目标主要成果法是英特尔公司发明的，如今很多公司都在用，如谷歌、领英和推特。

曾任谷歌高管的里克·克劳（Rick Klau）在谷歌工作时制作了YouTube视频来说明阶段性目标主要成果法，并展示如何在公司中使用它。他解释道："公司不断发展，创始人或首席执行官不可能出现在每一次讨论中。简单的决定一般不会等到首席执行官介入才做出来。阶段性目标主要成果法定义明确，广泛传播有助于公司的每位成员理解首席执行官的侧重点及重视原因。哪些是公司的首要任务？哪些不是？该如何判断？"

视频很详细，此处我们列出几个关键点，说明阶段性目标主要成果法是如何在谷歌发挥作用的：

- 阶段性目标很宏大，旨在让人感到不适。
- 主要成果是可测量的，能进行简单的数字分级（每季度末谷歌用0—1级测评主要成果）。
- 阶段性目标主要成果法是公开的，公司每个人都可以看到其他人在做什么（以及他们过去做了什么）。
- 阶段性目标主要成果法分级的"最有效点"是0.6~0.7。如果有人常得到1，说明指标主要成果不够有抱负。得分太低用不着惩罚，将其视为完善下一季度主要目标成效的参考数据。

目标是公司希望实现的，是振奋人心的。主要成果则是具体详细的，描述如何完成阶段性目标、测量是否达标。比如，我可将自己的阶段性目标之一定为在接下来的三个月内在潜在客户（高管）中提高我公司的知名度。为此我要列出四项主要成果，作为达标或向目标迈进的量化指标。

- 在五次领导力会议上发言。
- 每两周在领英（LinkedIn）写一篇博客。
- 与100位首席执行官成为领英好友。
- 在主流媒体上发表三篇关于领导思想的文章。

现在，你是否可以理解主要成果的具体程度和可测量特质了呢？一个人是否达到阶段性目标，很容易测量出来。这是制定阶段性目标主要成果的最重要部分之一。

还需强调，并非每位成员或团队成员都要对组织的每一项目标做出贡献。里克·克劳用了美国国家足球队举例。主管将团队阶段性目标定为：（1）赢超级碗比赛；（2）至少让看台上座率达到80%。主教练的关注点是赢超级碗比赛，所以他不用担心填满观众席的问题，而公关人员则需想方设法采用有创意的方式吸引粉丝来看比赛。

如果能够自下而上驱动大部分阶段性目标和主要成果，就非常理想。管理者需通过让员工对各自的工作负责来驱动敬业度，确保这一切完全朝着同一方向进行。最大的益处是，它能始终将愿景、总体目标和阶段性目标摆在员工面前。

我读到的很多研究都显示，在帮助员工看清自身工作与组织总体愿景关系方面，管理者做得不够。然而，这种做法可以进一步为员工赋予意义和更强的目标感。首先要在一张纸上整合归纳出团队或组织的目标、愿景和大目标。这一工具可以激励每位成员将愿景具体化、个人化——这样就能保持整体方向一致，确保灵活性和绩效。

下一章预告：领导者如何通过目标明确的谈话切实植入目标、价值观和策略。

第十章提要

1. 让统一的愿景、价值观和目标打造方向一致的灵活组织。
2. 研究表明，在帮助员工理解组织战略要务方面，管理者做得很不到位。同一研究表明，员工希望对战略目标做出贡献。
3. 成功取决于让员工理解、热情投入企业目标，并让他们有能力自行设定与企业目标相统一的个人目标。
4. 能够让员工设定清晰目标的组织更可能闯进商业成效得分前25%。

5. 战略要务有助于核心文化的形成——所有人都在共同目标下朝同一方向努力，这和强大目标以及有力价值观一样有助于激发制胜的文化。

6. 最有效的愿景、价值观和目标框架是统一整合归纳在一张纸上的。这将成为通往自由的框架，让每位成员都能自主做决定，根据框架作出正确选择。

十一
目标明确的谈话

领导如何植入愿景和价值观、保持团队方向一致

若不能保持方向一致，最佳战略计划就难以彻底实现。方向一致是将组织和目标、价值观、大目标凝聚在一起的黏合剂，让组织能更加迅速、轻松地完成任务，达到更好的结果。然而，若不努力确保管理者方向一致、对他们进行培训，若不赋予他们能力让他们开展目标明确的谈话、为每位成员植入目标感，就无法打造方向完全一致的组织。若非如此，愿景和价值观就会在一线崩塌，员工只会感到豪言壮语和日常工作相去甚远、充满怀疑，而无法感到动力。

各级领导往往知道企业的愿景和目标、价值观和目标，也可以对此进行讨论，但大部分时候他们没有为自己和员工做出量身定做的诠释。他们没有思考自己的目标、价值观以及这些是如何同公司日常联系起来的。领导过程中，他们没有可使用的个性化故事。他们往往也不会为团队成员解释每个人的具体工作如何助力公司目标或实现目标。

仅当管理者理解自己的目标和价值观、打造自己的领导故事并将其与企业故事统一起来时，才能实现方向一致，只有这样才能让团队和愿景真正联系起来，创造"我们的故事"——团队的目标、价值观和大目标。

我的故事，企业的故事，我们的故事——这才是保持方向一致的关键。

比尔·乔治是美国哈佛商学院的管理实践教授。他曾任美敦力

（Medtronic）首席执行官，这是一家医疗设备公司，为世界最大医疗技术研发商。他称："让整个组织在使命召唤下统一配合，让员工的热情和目标彼此呼应，就是能动性最强的状态。"

只要看看一群在湖里费劲划船的爱好者，就能明白缺乏一致方向会带来怎样的影响。人们像疯了似的划桨，船却原地打转，船员大吼大叫、责怪彼此——有时甚至会翻船。奥林匹克选手则截然不同，八人一队——四人在右边划桨，左边的四人在舵手的命令下进行完美配合，舵手掌舵，并激励、引导或安慰队员。哪怕是在奥运级别的比赛中，如果方向出现丝毫差异，都会让船慢下来，偏离路线，输掉比赛。

定期谈话对提高绩效至关重要

网络研究机构舆观为我做的研究（详见第四章）显示，员工希望明确看到自己的工作和组织目标之间的关系。明白自己所做的事情会为顾客带来怎样的积极影响，就会备受鼓舞。理解这一点，他们就会感受到自己的重要性，定期就他们的绩效、团队绩效进行谈话，对敬业度至关重要。

肯·布兰佳（Ken Blanchard）以《一分钟经理人》（*The One Minute Manager*，1982）而著名。他的咨询培训公司调查了1400位员工，问了这个问题："与他人共事时，领导者最大的错误是什么？"调查对象中41%的人认为是"沟通不当或倾听不够"。

研究人员又请同一批调查对象对照常见错误，选出自己领导的五大失误，有两个选项比较突出：

- 82%的调查对象选择了"不提供恰当反馈"。
- "未能倾听他人或让他人参与"紧随其后，名列第二，81%调查对象选了该项。

再加上"未能选用适当领导风格""未能制定清晰的总体目标和阶段性目标""未能发展培训员工",构成了领导与他人共事时最容易失败的五件事。

2013年肯·布兰佳在《培训》(Training)杂志的700位读者中开展了一项后续研究,结果与之类似。这次研究结果如下:

- 28%的调查对象称,极少或从未与领导者讨论过未来目标和任务——虽然有70%的人称希望有机会讨论。
- 36%的调查对象称,他们从未或极少收到绩效反馈——但有67%的人称希望有机会得到反馈。

所有这一切都清晰地表明了令人担忧的事实——管理者的确没有通过与团队开展足量目标谈话来驱动方向一致与高绩效。而正如我们所见,我们的研究表明,这是打造敬业、高绩效员工的最重要因素。

保持方向一致是持续的动态过程

进行目标明确的谈话是实现组织方向一致的最重要因素之一。领导者不应奢望与员工沟通一次愿景和价值观就能一劳永逸地实现方向一致,这是一个需要管理者与员工保持不断对话的持续过程。只有这样,员工才能真正对愿景表示认同,真正践行价值观,实现需要付出努力的目标。

若想实现方向一致,最基础的是让员工理解目标、价值观和大目标。管理者需要花时间深入解释愿景,阐述组织前进方向,为何选择该方向以及该如何行动。希望实现方向一致,就要开展足够对话,令人遗憾的是,在开展说服人心、提高敬业度、保持方向一致的有力谈话方面,大部分领导者都没受过训练。

为何有必要?因为领导者的职能即鼓舞他人,需要赋予人们能量和热情、让他们投入工作,激励并帮助他们看到任务背后的深层次含义。然而,为此你需要在管理者身上花时间,让他们践行你的目标和价值观。

十一　目标明确的谈话

信任目标可提高绩效和工作热情

伊万·梅内塞斯（Ivan Menezes）为帝亚吉欧（Diageo）首席执行官，这是世界顶级的洋酒公司之一。该品牌下有斯米诺（Smirnoff）伏特加、尊尼获加（Johnny Walker）苏格兰威士忌，还有世界畅销的吉尼斯（Guinness）黑啤。公司产品在180个国家销售，在80个国家有办公室，雇用3.3万名员工。

我是2015年8月采访伊万·梅内塞斯的，访谈前一周，他刚为帝亚吉欧的近期效益做了一轮投资商汇报会议。那年极具挑战性，形势对该公司新兴市场不太好，因此他陷入了沉思。"在这种情况下，按理说士气和敬业度应该会下降，但我们这里反而上升了。我认为这是因为我们的员工有信念，信任我们的目标，他们也专注于我们的文化和价值观，这些都是无比宝贵的资产。我们的员工真心热爱公司，希望公司成功。"

帝亚吉欧的宏伟大目标和目标是什么？"我们的宏伟大目标是成为世界上绩效最佳、最值得信赖和尊重的消费品公司之一，我们的目标是随时随地庆祝生活。"

这在伊万看来，即让生活尽可能完满——在工作、家庭中，与朋友相聚时，置身社区，服务社区，时时刻刻以最佳状态示人——让帝亚吉欧品牌出现在大大小小的庆祝中：

"我们的蒸馏酿酒厂、啤酒厂和葡萄酒庄在工作社区中处于核心地位。我们有责任创造共同价值——为我们的股东、员工以及推动公司发展的不同社会群体创造共同价值。我们也要用负责任的方式来做这件事，要明白我们更广泛的整体影响，而不只是单纯地受经济成功驱动。我们深切地认识到，产品如果被误用，就会在社会中造成伤害。我们必须以可持续发展、负责的态度行事。做错误的事肯定没有正确的方法。"

各级领导都要将目标带入生活

伊万·梅内塞斯很明确，帝亚吉欧的优秀领导者有责任将公司的目标和价值观带入生活。"这是我们对领导者的期望之一。这里说的领导者不只是高管,而是所有处于公司领导岗位上的人。"

伊万·梅内塞斯是为公司设定目标的原创团队成员之一,他认为这一目标制定后已经发展深化了。如今,员工对目标的理解比这些话语的初衷要更为丰富。

帝亚吉欧是品牌顾问沃尔夫·奥林斯(Wolff Olins)于1997年Guinness UOV和Grand Metropolitan合并创立公司时起的名字。名字中含有意为"日子"的拉丁词根"Dia"表示"日",还有代表"世界"的词根"Geo"来表示"世界",二者合二为一。这是为了让它成为公司目标——每天、每处庆祝生活的参照物。伊万说:

"领导者的职能是创造条件,让员工积极工作,立志做一番事业。目标在我们公司中发挥着非常重要的作用——对我们的员工、品牌来说是这样,对我们如何行事、如何创造价值来说也是这样。我们每个人都在以不同的方式与帝亚吉欧的目标联系在一起。

"每个人都想让生活尽可能地充实起来,在工作中、生活中、社区中,以及和朋友在一起时都以最佳状态示人。我们知道,让员工充分发挥才能,会让我们表现得更好。因此,帮助每个人找到自己与目标的联系、培养自身目标感,对领导者来说至关重要。"

这意味着公司鼓励所有领导者践行帝亚吉欧确定的"领导者标准",花时间思考他们自己的目标如何与公司目标相关联。"领导者必须真实,如果你不相信目标,就无法在这方面做到真实,就无法与它形成个人联系,"伊万·梅内塞斯说,"要想真实就要透明,说出让你兴奋和恐惧的事情,在以目标为导向的组织中更容易做到这一点。"

帝亚吉欧领导者标准:真实,创造可能性,将帝亚吉欧目标带入日常,为员工创造成功的条件,保持优秀绩效、发展自我。伊万·梅内塞斯说:

"在我看来，领导者需要明白公司为何存在，这很重要。在我们生活的世界中，人们有各种各样的选择。他们可以做许多不同的事情，在不同的地方工作，因此关键在于领导者能否为员工提供理由让他们兴奋地来上班。人们谈论工作和生活的平衡时，我总是建议他们别把生活分成两半，其实你过的只是一种生活。

"领导者要将公司人格化。因此，让自己与目标和价值观联系起来、并真实地体现在领导中，至关重要。了解这一点，有助于挑选正确的员工，明白什么样的人能让公司繁荣。"

鼓励培训管理者开展目标明确的谈话

鼓励培训管理者陈述自己的目标和价值观，并将其与公司的目标与价值观联系起来，就能同时保持真实和方向一致。

但仅仅如此可能还不够，你需要训练管理者如何与团队人员进行适当的沟通对话，并确保这些对话实实在在地落实下去。坚定地践行这种做法的公司之一是位于英国牛津附近的国际物流、供应链、制造和咨询公司优尼派特（Unipart）集团。该公司在欧洲、北美、日本和澳大利亚运营，服务于汽车、海洋、休闲和铁路产业。

该公司最早源于国有公司，为英国利兰（British Leyland）的一部分，但1987年在一次商业收购中脱离出来。它是英国最大的私有公司之一，部分为员工所有。

优尼派特集团董事长兼首席执行官约翰·尼尔（John Neill）说：

"如果你自己没上路、不相信自己走的路，就很难让员工跟着你走。为保证优尼派特的管理者以身作则，我们于1993年开设了英国第一所企业大学，用我们的优尼派特方式来培训管理者和员工。这是一种卓越的全面运营体系，能够让我们实现目标、价值观和大目标。

"我们的目标和原则30年不变，我们的企业目标制定于1987年。在公司中，无论走到哪里都能看到我们的18条指导原则。因此，如果不确定该怎么做，参照这些原则就知道了。

"我们公司的哲学是'比其他公司更好地理解顾客真实可感的需求，比其他公司更好地服务顾客'。现在，英国顾客服务做得不太好，但我们很清楚，通往长期成功的唯一道路，就是要在理解顾客需求方面超越其他公司。这需要我们对员工进行集训，告诉员工究竟什么才是个性化客服。制定目标印在桌签上放在接待处，没有任何作用。你要做的是让公司各级人员都相信并践行目标。"

优尼派特员工每天都有沟通会议，这是优尼派特方式的一部分。该体系旨在让员工为出色的顾客服务而努力，是特别制定的。"我们用了25年构建这个体系，现在员工都信任这一体系，"约翰说，"这种每日谈话体系帮助很多人看清了手中工作和公司总体目标之间的关系。他们知道公司期待他们每天做什么，因为这些沟通很有效。"

必须认真组织谈话

优尼派特也有一套政策部署流程，关键政策和项目经由高级执行官员一致通过后，系统地部署给组织中的个体。"这样个体就能明确自己每日活动与企业目标有何关系，"约翰解释道：

"我们发现，谈话是激励员工热情投入工作的唯一途径，但谈话真的需要经过认真的组织。我们明白，遵循优尼派特方式，就能让员工投入。我们会对管理者进行培训，让员工亲身体验然后评价。如果想执教优尼派特方式，需要接受多年训练，可能10年吧。如果你很聪明，也许5年就可以。

"这就是优尼派特的培训方式，关键是培养管理者学会如何提升员工敬业度，让员工参与找寻解决方案。这样一来，员工仅当面对所在层面无法解决的问题时才需请示管理链。使用优尼派特方式训练能增强方向一致性和员工能力。"

优尼派特印制了一本小册子《用优尼派特方式做生意》(Conducting Business the Unipart Way)。公司的每位成员都能读到,任何对公司感兴趣的人也可以读到——顾客、潜在顾客、供应商和其他利益相关者。在小册子中,公司列出了适用于每位利益相关者的价值观。这是对所有利益相关者的一套完整承诺。

"塑造负责、有道德感、热心公益的公司形象,来赢取并保持利益相关者的信任和信心,这一点非常重要。自1987年组建以来,这始终是我们的决策基石,"约翰解释道,"因为我们真心相信,企业责任不仅是公司中部分人的职责,它还决定了我们的经商之道。只有当公司所有员工都负起责任时,我们才能成为一个负责任的公司。"

尊重个体是优尼派特团队的核心:"我们期待所有领导者都用优尼派特方式领导。我们会检查他们是否做到了。之所以这样做,是因为这条路线能鼓舞激励员工实现看似遥不可及的事情,并因此感到自豪和满意。只要设定了正确的战略,他们成功就意味着我们公司的成功。"

〔2015年,优尼派特是少数被社区商业评为企业责任指数五星的公司之一,社区商业是威尔士亲王(查尔斯王子)与超过800家致力于改善自身社会和环境影响的英国公司共同发起的慈善机构,旨在倡导负责任的公司。2016年,优尼派特集团在企业责任指数达到100%。〕

目标明确的谈话可提高公司收益

过去4年,我有幸采访了一些领导者,从这些访谈中我学到了一件事:谈话是领导的生命线。如果领导者擅长谈话,效果就不仅是实现有效沟通,还可以提高商业收益,因为这些领导者更振奋人心,更容易鼓舞员工。从我自己的研究中也看出,在帮助培训管理者开展这些谈话方面,我们做得还不够,面对问题时,管理者可能会主动避开谈话。

英国特许管理学会是英国的授权专业管理学会,会员超过13万。该学会最近一项研究揭示了一个问题。2016年,为进一步理解谈话在工作中扮演的作用，特许管理学会采访了 2000 名雇员。主要研究结果是什么？对很多领导者来说，工作场合的严肃谈话简直是情感折磨。

调查的 2000 位管理者中有三分之二的调查对象称，面临一场严肃谈话，他们就会非常紧张，有 11% 的调查对象称，开展严肃的工作谈话会让他们做噩梦，或睡眠质量下降。

缺乏应对严肃谈话的培训

尽管工作中经常需要进行这种谈话，但 80% 的调查对象称他们没接受过正规训练，也不知道该如何应对。因此有 43% 的高管承认，自己在严肃谈话中曾情绪失控或大喊大叫，而 40% 的高管承认自己会恐惧、说谎。调查还显示 57% 的调查对象称，他们会尽可能避开严肃谈话；52% 的高管称他们不会谈论工作场合的消极状况，宁愿容忍。

为什么？难道我们不是天生就喜欢聊天吗？毕竟，我们每天都在做这件事。英国特许管理学会策略和外务负责人彼得拉·威尔顿（Petra Wilton）说，这是因为管理者在工作谈话方面没有接受过所需的相应支持和训练，而工作谈话可能常常关乎严肃话题。

"我们的研究结果表明，严肃谈话常令管理者备受折磨，"她说道，"在家庭生活中，我们探讨微妙问题时总有亲朋好友支持。而在工作中，既没有建议，也缺乏训练，好比踮脚走在雷区中一样。难怪有 61% 的员工告诉我们，他们希望学习如何增强工作谈话自信。"

缺乏应对严肃问题谈话的训练，中层管理者最受其害。严峻时刻，组织会对他们怀有更高期望，帮助他们的培训预算却又遭遇削减。

目标明确的对话聚焦于目标、价值观和大目标和三者的配合，管理者能够让谈话更深入、更有意义。然而，在大部分组织中，这些强大有力、富于勇气的谈话却不见踪影。正如我们从英国特许管理学会的研究中所见，管理者会选择回避对严肃问题的讨论，这样一来，员工对公司需要做什么、他人动机以及任务紧急程度就会做出各种不同的解释，从而让统一阵线遭受影响，人际关系遭遇问题，生产力下降。

管理者应践行目标和价值观，以身作则

"将目标和价值观植入组织，依靠的不仅是有效沟通，"维珍大西洋航空公司首席执行官克雷格·克里格如此说道，"展示的方式应能让员工认识到，如何改变自己的行为才能与组织目标和价值观保持一致。"

"目前，我们的目标和价值观还没彻底浸透整个组织，"克雷格·克里格说道，"但我们正在努力。员工的敬业度和顾客体验环环相扣，因此文化就是我们最宝贵的资产，我非常重视如何增强文化。"

1984年6月22日，维珍大西洋开启了盖特威克机场（Gatwick）和纽瓦克（Newark）之间的定期航班，使用的是签约的波音747-200，他们将其命名为"首航者"。当时许多评论员怀疑，航线是否能撑到第一年年末。30多年后，维珍大西洋依旧存在，而它20世纪80年代的很多竞争者都消失了，如泛美航空（Pan Am）、环球航空（TWA）、英国金狮航空（British Caledonian）和人民捷运（People Express）。维珍大西洋80年代的主要竞争对手如今只剩下英国航空（British Airway），30多年来，这两家航空公司始终针锋相对。

到了2013年，这场战役敲响了警钟，维珍大西洋那时已遭遇数年亏损。虽然它的名声在希思罗机场依然响亮，也有许多降落机位，但公司已陷入困境，低效飞机带来负担，缺乏能够打开广阔市场的合作伙伴，也无法投资亟待更新换代的信息技术。它过分依赖单一市场，比例失调——收入皆来自英国国内。该品牌曾以优秀客服著称，锐意创新，现在却呈现出人员冗杂、过于官僚的面貌。许多员工感到无法施展才华为顾客服务，认为公司可能会失去一大竞争优势——显赫的乘客体验名声。

那时，新加坡航空公司（Singapore Airlines）拥有维珍大西洋49%的股份，由于对投资收益大失所望，他们打算卖掉自己的股份，这一股份被美国达美航空公司（Delta Air Lines）抢购。达美航空是世界最大的航空公司之一，每年运载乘客超过1.6亿人。2013年，维珍大西洋每年运载乘客

600万人。没多久，维珍大西洋来了一位新首席执行官克雷格·克里格，加入前供职于美国航空公司（American Airlines），已在美国和世界各地从事商务、财务和战略职务等工作27年。

"你可以想象一下，维珍大西洋的员工有何感受。无论如何，这看起来都像是打算把原来的英国航空公司美国化。虽然维珍大西洋仍拥有51%的股权，但员工担心航空公司的文化会因此遭遇重创。而我的计划正好相反。"克雷格·克里格说道。

扭转财政局势，保护品牌

维珍大西洋董事会交代给克雷格·克里格的任务简单明了——在不损毁文化或品牌的前提下，扭转公司财政效益。"面对员工，我必须直白真诚，这样才能让他们接受解决方案，方案包括裁员500多人、精简管理层以及说服员工同意直到转亏为盈再涨薪。这些都要以不损害顾客利益为前提。"

航空公司决定换下燃效低下的空客A340机群，开始使用新波音787s。这一决定需要让曾被亲昵地称为"小红"（Little Red）的空客A340退出一系列航线，从英国国内运营中撤离。

"业务扭转后没多久，我们就开始转向关注长远未来规划，"克雷格·克里格说，"我们需要打造更自信的思维状态，稳步巩固资产负债表，这样就不至于每次经济下滑时都会受到影响。这需要制订'制胜计划'，包括巩固财政力量、提高顾客满意度和员工敬业度。

克雷格·克里格和他的团队从全新的使命陈述开始。原来的使命陈述为："我们要发展可盈利的航空公司，让乘客爱和我们一起飞行，让员工爱与我们共事。"克雷格说：

"这在我看来并不是很有效，因为很多公司都可以这么说。里面唯一体现维珍大西洋风格的词是'爱'。在我们航空公司，顾客和员工都能在快乐热情的氛围中忠于自我。为顾客和其他利益相关者做出改善，我们的理念始终围绕这一中心展开。我们的使命陈述要比原来的版本流露出更多的热情。

经多次讨论，我们决定将使命陈述定为：'拥抱人类精神，让它自由飞翔。'"

对克雷格·克里格来说，使命陈述不只是几个字：

"我们要保证自己做的所有决定，尤其是顾客导向和员工待遇相关的，都与总体目标保持一致。我们有着关心员工的强大文化，因此员工会关心顾客。我们一直雇用喜欢置身于人群之中的员工，雇用希望做自己、享受工作乐趣的员工，我们总是忠于这些价值观。给忠于自我的员工一些空间，并在服务中体现出更强的一致性，这就是我们的秘诀。"

在分享和讨论中植入

由于近年来受到财政制约，维珍大西洋在发展团队上没有给予充分重视，现在要关注这个问题了。"比如，在发布新目标陈述时，我们将400位管理者聚集在一起，分享讨论，鼓励他们将其植入组织各层面。"克雷格·克里格说道：

"展望未来两三年，有待改变的两大板块仍是技术——我们需要更好地使用信息，尤其是为顾客服务时，我们要让所有需要信息的员工都能用上，同时在组织中进行自上而下的技能升级培训。"

对培养员工来说至关重要的问题，是培养领导者。克雷格·克里格非常明确自己想要哪类人才：

"多年前，我有一位这样的管理者，他看起来并不是魅力十足的人，非常谦虚，非常安静。但我观察他团队的表现以及成长发展方式后，发现他在鼓舞士气方面很在行。

"他不是一位杰出的演讲者,但员工受到鼓舞是因为他真心关爱员工,员工也明白他总能作出正确的选择,这意味着做难事,而不是做投机取巧的事。每个人都明白,他真心在乎,所以哪怕他作出艰难决定,但员工也能理解他的出发点。

"这就是我们对维珍大西洋所有领导者的期待,从我们的管理者到机舱乘务团队的领导者都是这样。我们需要那种谦逊的领导者,需要可以与团队开展谈话鼓舞人心的领导者,需要激励员工提供优质服务的领导者。"

(维珍大西洋航空2013年2月末之前的12个月遭遇了前所未有的损失,税前1.284亿英镑。该问题由高燃油费和英国经济困境导致,但来自英国航空公司的激烈竞争也是一大重要因素。克雷格·克里格达到了第一个目标,在截止到2014年12月末的前一年获取了1440万英镑的毛利。2015年增至2250万英镑。)

对照标准,推动变化

我为撰写本书进行的采访有一大特色,许多领导者用简单的绩效标准改变文化,让每个人都聚焦于公司目标。找到那个关键测量标准,你就可以让战略和文化方向保持一致,而提供标准处于战略中心地位。

Yodel快递公司就是其中之一,我在第八章讲述了他们的故事。他们意识到,若想改善名声、提高长期效益,就应进一步重视收件人而不是他们直接顾客的满意度。

他们的直接顾客是大百货商店和网店零售商,这些直接顾客希望快递尽可能廉价。而收件人自然希望享受到高质量服务、尽快收到包裹。Yodel明白,若想提高声誉、打开未来机遇,就应专注终端用户。他们置入追踪终端客户满意度的透明标准,用这些标准及时赞扬出色表现,更正或惩罚恶劣行为,文化转型得到了极大推动。

十一　目标明确的谈话

君主航空公司想成为"欧洲口碑最好的航空公司"——这是容易跟踪的标准,能推动公司的一切和各种讨论。每一次谈话都以这个问题为先导:"这是帮助还是阻碍我们成为口碑最好的航空集团?"

使用唯一关键标准,检测目标践行效果

使用单一关键标准、让目标和价值观保持一致方向,在我笔下的案例分析以及许多其他例子中都有所体现。这是一种检测是否通过适当途径兑现承诺的方式,找到这种标准,就能让战略与文化保持一致,赋予管理者强大的武器,确保方向一致。

等员工热情地接受了价值观和目标,你就会慢慢听到有关员工行为改变的小故事。员工开始以不同的方式说话,顾客一般也会评论他们看到的变化。但每个人是否都与目标保持一致?如何才能真正知道呢?

对DFS(欧洲领先的沙发专家之一)来说,这种标准即顾客交易后感受如何,因为以顾客为中心是公司增长的关键支柱。DFS的首席执行官伊恩·菲尔比(Ian Filby)说:

"如果想成为世界一流的公司,像我们这样,就要参照标准,检测是否真正做到了以顾客为中心,检查是否还存在不以顾客为中心的行为。

"每家公司都认为自己以顾客为中心,除非发现有反例。对我们来说,以顾客为中心就是拥有真正敬业、非常有动力的员工,为每位顾客提供优质产品,让顾客可以真正通过多种渠道联系我们,我们要真正成为沙发专家,真诚关心顾客。"

来工作的员工不希望表现得太差,伊恩·菲尔比说,但有时你要帮助他们明白,到底什么才是优质服务。"我们感到有必要进一步了解顾客与我们所有店面销售人员互动后的感受。只有我们的顾客或潜在顾客才能告诉我们,我们是否以顾客为中心。"

从不满中读取反馈

为此，DFS 在整个公司中引入了一项净推荐值计划。净推荐值是用于测量顾客忠诚度的管理工具，由弗雷德·赖克哈尔德（Fred Reichheld）、贝恩公司（Bain&Co）和 Satmetrix 制定的，于 2003 年引入 DFS。净推荐值是基于对一个简单问题的回应来计算的："你将我们公司／产品／服务推荐给朋友或同事的可能性有多大？"

该答案常常基于 0—10 级评分。打 9 或 10 分的被称为推荐者，可能会长期购买更多产品，为亲朋好友热情推荐，打 6 分以下的顾客可能是不满意者，不会表现出增值行为。实际上，他们更可能做完全相反的事情——说公司坏话。那些给 7 分或 8 分的通常被动一些，既算不上不满者，也算不上推荐者。伊恩·菲尔比说：

"我们现在可以每天、每周、每月不停地跟踪我们全国 550 位销售人员的顾客评分。通过这种做法，我们可以进一步增进与顾客的感情，如果不能，就作为反馈，以此指导销售人员。"

伊恩·菲尔比称，他们商店 90% 的购买者皆为女性，而他们的组织主要由男性构成。显然，这在家具产业很常见，同理心与和谐关系就更有必要了：

"我们这里女性管理者不多，总部办公室有 26 位高管，其中一位女性也没有。所以，要想进一步做到以顾客为中心，就需要增加组织的女性人数。我们还在努力，不过至少现在我们有 20% 的女性店面销售人员了；我们女性管理人员的人数也增加了，董事会有两位女性，还有 7 位女性高管。查看净推荐得分时，看到女性销售人员得分高于男性员工，你一定不会感到惊讶，因为女性在构建和谐人际关系方面更有耐心。"

十一 目标明确的谈话

DFS 希望从行业最著名的品牌变成最受顾客喜爱的品牌。"这一目标基于如下理念：沙发是家庭的心脏。成为家庭之心是一个富于感情的概念，所以我们必须在公司的每个层面都更有感情、更富于同理心。"伊恩·菲尔比说道。

不断引导员工关注目标

用净推荐值作为标准，观照所有员工，DFS 管理者得以与员工谈论他们无意间对顾客造成消极影响的事情。由于这是以个体为单位测量的，任何负面评分都能直接追踪到对应的员工个体。"如果顾客给我们很低的净推荐值得分，我们能追踪到卡车司机、家具商、管理人员、销售人员。这样我们就可以在目标方面不断对员工进行指导，真正成为以顾客为中心的公司。"伊恩·菲尔比解释道：

"我们发现另一种比较有力的做法，是让商店主动致电打 3 分及以下的顾客，看看是否可以弥补。通过与顾客交谈，你能获取更多的建议。把这些反馈给员工，能让每个人都看到，我们对这个问题是认真严肃的。如果可以赢回顾客、弥补过失，我们觉得是一件大事，称之为伟大的恢复。"

DFS 的目标陈述是："让每一天都更舒适。"这表示置于家庭心脏的沙发很舒服，人们从 DFS 购买时很舒服，遇到有问题要修理时很舒服，沙发保修期较长让顾客感到很舒服，或因可以赊账感到很舒服。"我们的净推荐值分数还能让我们检查公司是否真正践行了组织的价值观，我们对顾客信守承诺，但最重要的是，它让我们确保公司中的每位成员都保持一致的方向。"伊恩·菲尔比说。

若想打造方向一致的组织，就需要清楚理解利益相关者的需求，尤其是顾客的需求。这需要明确的战略陈述，配合可测量的阶段性目标以及表述清晰的绩效标准。需要体系和流程，让管理者时常与员工谈话，将战略贯穿在整个组织之中。需要常常反馈，确保卓越或欠佳的表现都能及时发现，迅速弥补过失。管理者理解企业目标、价值观和大目标，并采取行动为团队进行透彻阐释，每天与团队讨论，这些都是落实上述做法的前提。只有这样，相关措施才能产生积极成效。

下一章预告：在目标指引下领导——你需要怎样做。

> **第十一章提要**
>
> 1. 保持方向一致是达到战略目标、实现目标和价值观的关键。
> 2. 中层管理者是确保方向一致的关键，但公司在帮助他们方面做得不够。
> 3. 虽然管理者理解企业目标和价值观，但很多管理者认为自己向团队传递目标和强烈价值观的能力不够。
> 4. 管理者必须与团队个体不断进行有力谈话，让员工始终关注组织的目标和行为，确保以恰当的方法得到了正确的结果。
> 5. 研究显示，由于管理人员未接受足够培训，因此无法与员工展开这些有力的谈话，难以通过充满勇气的谈话推动积极改变。
> 6. 应鼓励各级领导者用自己的方式与企业目标和价值观联系起来，实现真实性和一致性，让他们讲述自己的目标故事，并与企业故事联系起来，确保团队理解自己的目标和价值观故事。
> 7. 确定能够让整个组织统一在目标之下的关键标准，便于管理者增强对话、推动绩效。

第三部分

明确目标领导：行动指南

十二
明确自身目标

先激励自己，再鼓舞他人

鼓舞人心的管理者充满热情，这让他们极具人格魅力。强大的感情可以感染他人，因此这种管理者可以激励他人行动。将那份热情与一项事业及其挑战性目标联系起来，就能得到强大的多方位效果——这也是成就优秀领导力的秘诀。然而，很少有管理者思考自己的优势、信念和价值观，即不思考他们热情的来源。能够将自身信念同公司目标和价值观联系起来的管理者更是少之又少。如果管理者能够做到这点，他们就会采用与公司目标方向一致的途径思考、行动、谈话，体现出意义所在，这是每位成员都渴望看到的。

普通人会在工作上花八九万个小时。

（如果你的成年生活都在工作，那就会在18到65岁之间从事某种带薪工作，长达47年。如果你在47年中，每年47周，每周工作40个小时，那就是8.8万个小时。）如果这些时间都花在你不热爱或不关心的工作上，那可真够你受的。

问题在于，大部分管理者正是如此。他们并不投入工作，也不愿用心确保自己的员工热情投入。日复一日，管理者肩负着让员工投入工作的任务。美国绩效管理公司盖洛普以全球公众意见投票而著称，但他们的研究表明，令人沮丧的是很多管理者已经"不管事"了，即他们对自己的工作和公司都不太关心。在一项名为"美国管理者状态"的研究项目中，盖洛普发现，在 190 个不同产业中，积极投入工作的管理者仅占 35%，51% 的管理者不太敬业，14% 的管理者非常不敬业。

毫无疑问，这会造成连锁效应——管理者的敬业度直接影响员工，这将带来严重后果。盖洛普调查发现，由高度敬业的领导团队带领的管理者，敬业可能性高出 39%。由高度敬业的管理者监管的员工，敬业可能性高出 59%。当然，对立面也令人担忧。盖洛普研究发现，仅 30% 的美国工作者敬业，52% 不敬业，18% 非常不敬业。敬业与不敬业工作者的比例约为 2:1，10 年来，该比例始终保持稳定。其他全球敬业度研究也支持盖洛普的结果，表明平均 66% 的工作者敬业，三分之一或更多是不敬业的——比例相同！

只有提高组织中敬业管理者的比例，才有望提高敬业员工的比例。所以该从哪儿开始呢？盖洛普发现，在影响领导者—管理者敬业度和管理者—员工敬业度方面，有几件事可能会起到极大的积极作用。如果领导者和管理者在下列方面得分较高，那么其直接管理的下属就会更敬业。

我们的目标让我感到自身的重要性

如果领导者（盖洛普定义为高管）在如下两项获得高分，管理者就会非常敬业：

- 我们公司的使命或目标让我感到自己的工作很重要。
- 去年，我在工作中有机会学习，能够提高自我。

对管理者来说，与员工敬业度关系最紧密的两项是：

- 在工作中，我每天都有机会做自己最擅长的事情。
- 公司的使命或目标让我感到自己的工作很重要。

十二　明确自身目标

基于这些调查结果，盖洛普认为，领导者应巩固三种关键行为，以增强管理者及受其影响的员工敬业度，让连锁效应起积极作用：

- 清晰持续地传达组织的目标，说明组织现状和发展方向。
- 将学习和发展视为第一要务。

盖洛普确定的另一个关键的成功要素为：管理者是否知道自身优势，能否充分发挥。盖洛普称：

"那些根据天赋聘用管理者，并将管理者的天赋转化成优势的组织更容易成功。领导者必须为管理者配备工具和资源，让他们判断发展个人优势。但领导者必须理解自己属下的优势、必须理解这些优势如何在具体任务和职责中发挥出来。他们应按照管理者优势来安排职位，让优势得到充分发挥。这种途径有助于让管理者从内心深处产生动力、热情工作。"

你知道自己的优势是什么吗？你理解它们吗？也许不一定。我见过的许多领导者对此都不算真正了解，这是有原因的，详见后文阐述。

为何需在价值观中注入自己的热情

怡安翰威特（Aon Hewitt）是一家美国人力资源和管理咨询服务供应商，在全球 120 个国家运营 500 个办公室。怡安翰威特基于 700 万名调查对象的全球雇员研究数据库（Global Employee Research Database）为理解领导行为驱动员工敬业度提供了独特的视角。据数据库显示，驱动员工敬业度最关键的领导驱动因素为：

- 确立方向和共同目标。
- 体现个性，言行一致。

- 发展留用人才。
- 运用知识，判断可靠。
- 与他人互动。

如果你认为领导者理应做到上述几点，可以理解。但实际上并非所有领导者都可以做到。一个原因是他们无法将自己的热情、信念和目标感同雇用他们的组织联系起来。倘若没有这种受强大价值观驱使的热情，他们就无法鼓舞人心，从而无法有效激励员工。

怡安翰威特称，最敬业的管理者拥有一套强大的指导信念，由性格和早期经验塑造而成，会指引他们处理工作问题，影响他们与下属的互动。倘若这些与员工相关的行为能融入日常互动，就可以对其他员工的敬业度产生积极影响，因为这些领导者的行为方式传递了自己的敬业热情和目标。

提高自身工作热情

证据很明显。如果管理者对组织目标和价值观非常投入，不管身处组织的哪一层级，都会实现更有效的领导。这意味着你应该提高自身工作热情，无须他人激励。为什么？

因为敬业的领导者希望成功领导、实现目标、升职，希望在自己的事业中做一番大事，这就是最主要的原因。只有通过激励身边的员工提高执行力，你才能实现这一切。这需要你激发团队、激发员工热情投入。倘若你能"收买"真正投入的员工，有一群对解决问题、提供服务或实现目标都很热情的人相助，他们会为争取这些结果主动投入额外时间（自发努力）。

提高自身敬业度，你就能从所做之事中获得更多满足感，明白自己做的事情有意义，并因此感到精神振奋，更加享受圆满完成工作的快乐。这样就能打造更高效的团队，产生更好的绩效，让业务得到发展。

关于如何提高自己的工作敬业度，盖洛普提出了几条建议。"助你成功的，不是你的劣势，而是优势。依靠自己独特的天赋和优势，你可以让工作的每一天都很充实，敬业度会随之而来。一定要庆祝自己的成就，同时将下一个目标设得更高。"

从认清自我优势开始

指导领导者时，我会花很多时间来探索他们的事业历程，请他们告诉我改变自身领导观念或经商方式的关键时刻。

他们会告诉我各种各样产生重大影响的时刻，既有关于客户行为、团队活力、奖励作用的见解，也有关于雇用天才或糟糕雇员的看法。之所以让领导者花时间回顾这些关键时刻，是因为这些早期经历常常会潜移默化地形成坚定信念，对他们的领导方式产生重大影响。

我还会请领导者做测试判断自身优势——使用各种可用的在线工具寻找、理解自己的个人优势。比如，VIA性格优势调查（VIA Survey of Character Strengths）——这是一种简单的自我测评系统，不用15分钟就能提供宝贵参考信息，助你理解自己的主要性格特征。大部分性格测试关注消极或中性特质，但VIA调查专注于你最优秀的品质。可访问http://www.viacharacter.org。

VIA调查是在马丁·塞利格曼（Martin Seligman）博士和克里斯托弗·彼得森（Christopher Peterson）博士的指导下研发的，前者著有《真实的幸福》（*Authentic Happiness*，2002）和《持续的幸福》（*Flourish*，2011），后者为密歇根大学的科学家，著有《打开积极心理学之门》（*A Primer in Positive Psychology*，2006），罗伯特·麦格拉斯（Robert McGrath）博士为其实行效度验证，VIA调查被视为积极心理学核心测量工具，已被用在数百项研究中，190多个国家有超过300万人做过该测试。

在网上搜索优势判断网站，很快就能找到各种各样的测试。我常常推荐客户使用盖洛普优势判定（Gallup Strengthfinder）测试。利用自身优势的人投入程度会高出6倍，因此我会请客户自己做测试。在此推荐马库斯·白金汉（Marcus Buckingham）的著作《来发现你的优势吧》(*Now, Discover Your Strengths*, 2001)。它能帮助你理解不同类型的天赋和优势，然后（通过在线问卷）发现你的五大优势。

欲了解他人，先了解自身……

一切高效领导的前提，是领导者在领导他人前先了解自己。如果我们连自己都不了解，连如何与人互动才能获取最佳效果都不了解，又怎能对他人作出正确判断，并选择、发展、称赞、激励他人呢？

平日，我们很少花时间思考自己的类型，别人对我们的看法，我们的行为如何影响他人。在特殊场合，我们的确能够好好表现，但与人交往时，这种竭力维持的自我形象能够始终伴随我们吗？

进行性格测试，是理解自身习惯性做法的最便捷方法。有许多测试流程——我比较熟悉且经常使用的是DiSC，每年有超过100万人使用这种个人测评工具。DiSC分别代表支配（dominance）、影响（influence）、稳定（steadiness）、谨慎（compliance）。在商业领域，DiSC是一种比较典型的工具，可通过提高自我意识来提高生产力、促进团队工作和沟通。DiSC是一种自行完成的测试，因此不置可否，旨在帮助人们探讨自己的行为倾向和不同之处，以调整行为适应不同场合。DiSC评估仅有24个问题，随后便会生成性格和行为详细报告。DiSC档案能够帮助你和你的团队：

- 提高自我意识，明白自己如何应对压力，会受到哪些因素激励，何时会紧张，如何解决问题，等等。
- 判断客户类型，采用符合他们行为倾向的行为，发展更合适的销售技巧。
- 理解员工和团队成员的倾向、驱动力、看重的事物和工作重点，以此实现更有效的管理。
- 成为自我意识更强、更全面、更有效的领导者。

我曾经常用的一项 DiSC 服务是"性格档案"。从 1987 年开始，该服务所有人安德鲁·谢维尔（Andrew Sherville）就既是它的终端客户，又将其用作顾问工具。值得一试——www.personalityprofile.com。

全面了解自身优势

为避免自我感觉过分"积极"，建议领导者在测试的同时也询问一下了解自己的人，根据可信任者的意见，全面看待自身优势。通常，领导者会对听到的内容感到惊讶。如果能在自己擅长的领域工作，人们总会认为任务轻松愉快。问题在于，如果我们认为某事轻而易举，就会理所当然地认为所有人都觉得这很简单，从而忽视自身优势。

过程很简单。找 10~20 位信任者聊天或通信，请他们用自己的话描述你的优势，并列举出他们心目中你状态最好的时刻及其原因。很快，在线测试和值得信赖的同事就能助你判断出自己的类型。你可以从中大致看到自身优势类型，更频繁地将这些优势带入行动。

你也可以询问自己需要提高的领域，收集反馈。对领导团队和表现真实来说，明白自己的劣势至关重要。确保团队中有成员能够弥补、提醒你这些弱点，同样也能鼓舞人心。

等我的客户明确了自身优势，回顾了事业中的关键时刻，我就会让他们思考，这些对他们的领导信念产生了哪些影响。意识到自己根深蒂固的观念源自自身优势或经历的关键时刻，领导者就好像有了重大发现一般，这是多么令人惊奇的效果。明确这些价值观，他们就会进一步明确自己看重什么。

将你的价值观和领导方式联系起来

看清自身优势、价值观和目标之后，需认真制订一个行动计划，在领导方式中实践。这需要领导者有备而来，所以应认真考虑如何围绕这些价值观讲故事，如何将它们传递给他人，如何运用在自己日常的行为举止和领导中。

这些价值观就是你的热情所在，这些事情都是你深切关注的。更多与他人谈论，你的热情就会自然彰显。展示热情不必采用机械的方式。热情流露出来，就可以感染他人，就可以传递给其他员工。热情能为一切提供动力。

我建议领导者认真思考自己的优势和价值观。我发现许多领导者从未考虑过自己的优势，也不愿花时间思考自己的个人信念和价值观。因此，他们很难理解自己的目标感，也很难真实地领导。

最后，我请领导者思考自己希望如何改变世界，如何在广义层面造福社会。贡献无所谓大小，但是要努力找寻解决方法，将天赋、热情和价值观运用在服务大众、耕耘重要事业、经营组织、改善地球或其他你决心改变的地方。除了描述自己想做的事情之外，还要明确自己希望帮助的对象以及相应做法能够创造的价值。

目标激发勇气

完美的目标能让你同时做自己喜爱的事情、做世界需要的事情、做自己擅长的事情、做有偿的工作。如果这些方面的确可以重合在一起，你的目标就诞生了。关键在于，我们要采用高于个人利益的前进方向来下定义，或至少是能够为所在区域做出巨大贡献的方向。

在确定目标这一步，许多领导者被卡住了，他们希望这个目标能够指引生活的方方面面——工作、家庭、休闲、家人、人际或社会。我们这里讨论的是工作目标，如果可同时应用于生活其他层面，那就太棒了，但这个期望不太现实。

我的目标是让领导者变得更鼓舞人心。我相信，擅长鼓舞士气的领导者能打造出更美好的工作场所，让更多人在工作中有所建树，促进增长，有助于创造财富以及繁荣的经济体和社区。我在个人生活中则有着不同目标，与家庭朋友相关。写罪案小说时，我的目标则是让读者感到刺激、投人。换句话说，在生活的不同层面上，我有不同的目标。

不过，我的价值观始终不变，我在个人生活和职业生涯中也会积极运用。例如，我相信好奇心会产生积极影响，这也是我主要的实践价值观之一。我会激发自己的好奇心，去了解共事的领导者、合作团队以及刚进我公司的各位年轻员工。在家中，我也会激发亲朋好友的好奇心，尤其是孙子孙女，对于其他乐意聆听的人我也会这么做。

积极影响他人

找到自己的目标并陈述出来，将其与热情相连，你就会在工作中更加投入，发现自己的兴趣点，让你积极影响他人，实践个人价值观。你的目标源自你本人，因此最好从优势判断练习、陈述自己热衷的事情和价值观着手。

最后，我会让客户将自己的个人价值观、目标标示在组织或所领导团队的价值观、目标上，即表明自己的价值观和公司价值观在哪些层面具有一致性、自己的目标为何有助于推动雇用你的公司前进。

如果无法找到对应关系，那么你真的应该认真考虑一下是否要留在这个组织了。我常常发现，一些有天赋的人在某个组织中就是无法发挥才能，因为他们自身的价值观与组织文化不符。若是转向与自己价值观更相符的雇主，则会在新企业的文化中得到更好的发展。如果你遇到了类似情况，不见得是个人能力问题，但也许有必要思考一下是否应从事该类工作，或思考一下到底该从事何种工作，这样比较有帮助。

无论你的价值观是什么，都会体现在你的行为中。比如，倘若你是一个重视速度的人，那么就会与谨慎节制的人相抵触，常常和那种人关系紧张，却不能理解何以至此。如果你重视秩序和计划，那么看似毫无条理的人就会让你感到忍无可忍，你也会流露出这种情绪。理解自己的价值观，有助于清楚理解周围发生的事情，然后提倡自己的信念，否则只能因他人的行为感到紧张。

你的个体价值观的表述方式不一定与雇主完全吻合。但你可以将内涵一致的部分对应起来，这样便于谈论自己坚信的事情为何有助于激发公司内部的理想行为。与组织拥有共同的目标和价值观能够让人热情高涨，也能助你面对各种挑战，在困境中彰显韧性，是能量的源泉。

目标和热情可以增强你的影响力，让你魅力四射，也能够让你更有勇气。我常常发现，带着强烈目标感的人可以应对难以想象的困境或克服障碍，因为强烈的目标感让他们得以克服恐惧、采取行动。很多时候，我也看见领导者利用目标让他人投入，开展强大、有勇气的对话，从而推动进步，因为他们的目标感有助于克服个人局限，让他们为共同事业奋斗。

起点

表12.1为常见价值观列表，这仅是冰山一角，但你可以借此判断自己的价值观。做这项小练习时，同样也有必要花时间上网寻找更多关键词和价值观列表，结合该表帮助你确定并描述自己的价值观。请参照多个列表，毫不犹豫地用一句完整的话来描述自己坚信的价值观，写好后可缩减。

表12.1　常见价值观列表

接纳	易于接近	才华
负责	准确性	成就
承认	积极性	适应能力
充分	敬重	进步
冒险精神	热爱	富裕
进取心	灵活性	警惕性
充满活力	利他主义	雄心壮志
期待	赞赏	平易近人
认可	热切	艺术
坚定	镇定	专注力
魅力	胆识	有效性

十二　明确自身目标

续表

意识	敬畏	平衡
美感	追求卓越	信仰
归属	慈爱	幸福的事业
胆识	勇敢	出色
敏捷	开朗	冷静
同志情谊	坦率	正直
能力	关爱	谨慎
名声	把握	挑战
慈善	魅力	简洁
欢快	明晰	有品位
整洁	头脑清醒	聪颖
密切	连贯性	舒适
投入	社区	同情心
竞争性	知足	一致性
自信	遵从	和谐
联系	意识清醒	保存
一致性	满意	连续
提高	贡献	控制
信念	宴饮交际	冷静
合作	正确	礼貌
灵巧	创意	可信
好奇心	大胆	坚决
礼数	深刻	敬意
精巧	愉悦	民主
可靠度	深度	渴望
决心	诚恳	灵敏
尊严	勤奋	纪律
方向	发现	严谨
多样性	耐久	动态

续表

迫切	平静	经济
教育	有效	效率
优雅	同理心	鼓励
坚忍	能量	精力充沛
享受	着迷	有道德感
平等	精确度	优秀
兴奋	情绪高涨	期待值
权宜	体验	专业
探索	表现力	无须节制
外向	生机勃勃	公平
信心	怀有信念	名气
家庭	痴迷	无畏
工巧	身体健康	流动
流畅	聚焦	刚毅
坦诚	自由	新鲜
友谊	勤俭	有趣
英勇	慷慨	良善
优雅	增长	快乐
勤奋工作	健康	帮助社会
英雄主义	圣洁	诚实
荣誉	谦卑	幽默
卫生	想象力	影响
端正	独立	影响力
机智	内心和谐	钻研精神
深度剖析	灵感	才智
心智状态	直觉	快乐
明智	正义	敏锐
善意	知识	持久
领导力	遗产继承	解放

十二　明确自身目标

续表

轻松愉快	充满生机	逻辑性
长久性	爱	忠诚度
做一番事业	技艺精湛	功绩
警觉	适度	神秘感
自然	整洁	魄力
打破常规	滋养	服从
公开	秩序	新颖
户外	敢于突破	合作
耐心	热情	爱国主义
完美	欢快	毅力
坚持	说服力	慈善心
虔诚	计划	趣味性
充裕	积极	实用
充分准备	隐私	主动
专业	理性	准时
纯净	合格	质量导向
迅速	平和	理智
通情达理	辨别力	放松
精炼	宽松	可靠度
缓和	笃信	声誉
足智多谋	约束	决断
决意	以结果为导向	充分利用有限条件
崇敬	丰富	严格
神圣	牺牲	博爱
乐观主义	满足	科学
安全	自我实现	自控
无私	自给自足	敏感
宁静	服务	分享
精明	意义	沉默

续表

谦虚	简洁	真诚
团结	耐得住寂寞	健全
速度	自发性	稳定性
策略性	优势	结构
坚实	成功	支持
人情练达	团队协作	克己
感恩	细致	周全
节俭	整洁	及时
传统主义	平静	超然
信任	值得信赖	理解
独特性	统一	有用性
前瞻性	生命力	活泼
志愿精神	热心	温暖
警惕	财富	意志力
意愿	制胜	智慧
诙谐	奇迹	名副其实
朝气蓬勃	热忱	禅意
浓厚兴趣	兴致	

浏览这些词，从中找出最能与你产生共鸣的，至少选10个，书面描述这些词语为何如此重要。如果"积极性"对你重要，描述理由，以"我认为积极性很重要，因为……"为开头写句子，用你最看重这个词语的理由来进行阐释。

将10个词都解释一遍，然后用1—10为每个词的重要性评级，10为最重要。这样你就可以找到你心目中最重要的5个价值观了，尽管这10个词对你来说都很重要。现在，你可以按重要性排序了吧？哪个价值观最能代表你和你的生活信仰？

你的价值观本来就存在，但如果你能意识到这些价值观并依据它们行事，工作就会更简单，你会成为更真实、更值得信赖的领导者，体现出更一致的原则。在你的十大价值观中，哪些与组织一致？表述词语不一定完全相同，精神内涵一致即可。完成这项练习后，你可以在所有决策制定中考虑到价值观，在行动中保持言行一致、解决问题时态度明确，用价值观来判断正确与否。

你的价值观不仅反映你本人，还能反映你希望成为怎样的人。有时，你不得不作出艰难决策，这首先就要判断你最看重的价值观。

下面以我的客户保罗·拉尔贝（Paul Larbey）的练习结果为例，保罗·拉尔贝是诺基亚（Nokia）全球视频业务负责人。他通过盖洛普优势定位测试判断出自身优势（1—34），列表如下。这些便被用在对他信念的讨论之中。最后10项"优势"，实则为有待提高的领域——但他同样怀有强烈的信念。

优势

1. 有策略
2. 统筹
3. 重塑
4. 讲述
5. 责任
6. 沟通
7. 面向未来
8. 镇定
9. 个体化
10. 有成就
11. 善于学习
12. 同理心
13. 发展
14. 意义
15. 专注
16. 积极性
17. 思维能力
18. 适应能力
19. 善于分析
20. 信念
21. 命令
22. 说服
23. 激活
24. 输入
25. 慎重
26. 一致性
27. 纪律
28. 思想

29. 竞争
30. 包容
31. 语境
32. 最大化
33. 关联
34. 和谐

我们以此出发讨论他坚守的17条信念，这些信念又被转化成13种价值观，按照重要性排列。以下是他对信念和价值观的表述。

信念——我相信……
1. 要做自己承诺的事情，并准时做到。
2. 要对自己做的决定负责，敢于承担责难。
3. 己所不欲，勿施于人。
4. 要享受手中在做的事情，乐在其中。
5. 要努力工作，开心玩耍。
6. 要忠于身边的人，并希望他们以同样的方式对待自己。
7. 私交应基于互利。
8. 要始终在实践中学习。
9. 要保持乐观。
10. 只应在自己可以改变的事情上花时间。
11. 要切实理解顾客需求。
12. 在竞争中获胜令人满足、趣味无穷。
13. 要从事一份责任明确的实质性工作。
14. 应如实看待事物。
15. 解决问题很有意思。
16. 应有条不紊。
17. 做事应坚持。

明确了自己的价值观后，他就可以清晰地表述自己的目标了，他的表述是：做一番事业，加快增长。

价值观：

1. 负责。

2. 热情洋溢。

3. 放手一搏。

4. 以身作则。

5. 专注于能够改变的事情。

6. 人际关系很重要。

7. 忠诚。

8. 选择以积极态度面对。

9. 拥抱挑战。

10. 合作共赢很有趣。

11. 理解，创造，解决。

12. 学无止境。

13. 让生活有条不紊。

目标：

1. 做一番事业。

2. 加快增长。

明确价值观、表述目标之后，下一个任务就是标出个人价值观与所在的公司价值观的重合之处。他用矩阵来展现与公司价值观相重合的5处（见表12.2）。例如，他能够说明企业关于成就的价值观是如何通过以下几点传递的：负责、充满热情、聚焦于个人力所能及之事、维持良好的人际关系以及共赢概念很有趣。

表 12.2　个人价值观分布图

价值观	挑战	简洁	成就	尊重	革新
1. 负责			×	×	
2. 热情洋溢	×		×	×	
3. 放手一搏	×				
4. 以身作则				×	
5. 专注于能够改变的事情			×		
6. 人际关系很重要			×	×	
7. 忠诚					
8. 选择以积极态度面对	×				
9. 拥抱挑战	×				×
10. 合作共赢很有趣			×	×	
11. 理解，创作，解决		×		×	×
12. 学无止境		×			×
13. 让生活有条不紊	×	×			×

将这些与组织目标和价值观对应后，他就可以带着更多热情、更强烈的目标感来谈论自己的坚定信念以及对员工行为的期待，更具有说服力。

个人价值观与组织价值观不吻合之处，他干脆只字不提。如果他发现个人价值观与公司价值观相抵触，就需要思考在这里工作是否合适了。

判断并描述自己的目标和价值观很具有挑战性，需要付出极大的努力和投入，但你会从中受益无穷。

流程

1. 回顾事业或生活中的重要时刻——它们催生了哪些信念？
2. 做一份优势和天赋问卷——然后思考一下自身优势的信念基础。
3. 请同事帮忙做一次全方位优势判定测试——他们如何看你？
4. 判断并描述你的价值观——为何对你重要？
5. 列出自己的前 5~10 个信念／价值观。

6. 描述自身目标——你想如何改变世界？
7. 标出自身目标和价值观与团队或组织重合之处。
8. 讨论践行自己的信念时，体现出公司价值观或目标。

全力以赴

全球领军洋酒公司帝亚吉欧的首席执行官伊万·梅内塞斯称，对他来说，找到自己的目标可没那么容易。找到目标后，目标就推动了他的领导风格："我将自己的目标定义为'实现员工和公司的潜力'。这表示我要始终关注员工身上的亮点，找到可以发展公司的方式。处于最佳状态或最为享受时，我正是在实现目标，目标既激励了我，又让我感到充实。"

很多领导者都告诉我，要怀揣自己的热情去领导。默林娱乐集团是一家在四大洲 23 个国家运营的游客观光公司，其首席执行官尼克·瓦尼就是很好的例子。他说："我非常热爱自己从事的行业。我发现将人们带入另一种魔幻现实就是我们工作中最大的收获，我很爱做这件事。因此，我会确保公司上上下下的领导者都对此怀有同样的激情。这样我们就有了很强大的文化，员工言行一致，坚持为游客提供难以忘怀的经历。"

尼克·瓦尼和他的团队让员工看到了强大的意义，前文已提及，鼓舞人心的领导者都具备这一重要的特质。为有意义的事情而工作，这对愉悦感和身心健康都能产生重要影响，而愉悦感和身心健康都可以推动生产力和绩效。

遗憾的是，许多领导者可能都会在无意间剥夺员工的意义感——因为他们从不在乎。他们不仅没有设定够不着却看得见的宏伟大目标，还会制定看似极端、无法企及或模糊空虚的目标，或在行为中缺乏一致性，有时劝说教育拖延的员工，有时却又放任不管。如果领导者对自己的期望和标准不太明确或不一致，就会发出让员工困惑分心的信号，挫伤员工的积极性。

正如我们所见，看到自己从事有意义的工作，事业有所发展，对员工来说非常重要。领导者言行不一致、对员工缺乏尊重，就会忽视下属的工作和意见，频繁更换目标，或让员工感到工作暗无天日，从而不相信自己能够改善他人的生活。这样怎能激励员工呢？

目标让你魅力四射

如果你对目标充满热情，就会变得魅力四射，你的热情会传播开来。情绪的确具有传染性。想想自己曾经不得不忍受的消极同事吧，回忆一下在他们身边工作时你是否变得消极。和热情积极的人共事就会美妙得多。每一位领导者都应致力于打造积极乐观的氛围，在谈论高于他们自身的观点以及他们无比关切的问题时，领导者会深受这些想法激励，事业让他们充满活力。

大部分员工都很重视自己所做的贡献、希望从事一份能够引领改变的工作。我们不能仅仅依靠福利或涨薪等奖励来激励员工。我委托的舆观研究显示，只要员工认为薪酬合理，那么他们的工作投入度和付出自发努力的意愿就更多地取决于管理者的行为。若想激励员工，你就要用自己的愿景来鼓励他们，设置具有挑战性的目标，让员工树立信心，坚信自己可以获胜。

我认为大部分组织最大的培训缺陷之一，是未能训练新管理者和中层管理者展开聚焦于目标和价值观的强大谈话。我们不仅需要帮助管理者学习该如何展开这样的对话，还要帮助他们将自己的目标和价值观与团队和公司的目的和价值观联系起来。

管理新手尤其需要帮助。对他们来说，领导团队的挑战很艰辛，尤其是那些因工作出色被提拔成领导者的人，如今的下属都是曾经的同事。新管理者常常感到在展示自己真实一面上有所约束。如果他们释放热情，就能变得更真实、更权威，其他员工也会更乐意接受他们的领导。

罗科·福特酒店董事长罗科·福特爵士称，他在招聘酒店运营管理者时，始终看重应聘者对该行业的热情：

"我想招聘立志于经营世界上最棒酒店的人,因为这种人管理的酒店会变成法兰克福或柏林最棒的酒店,但只有这些人真正关心细节和我们顾客才能实现。去所有酒店时,我都会关注各种细节,关注能改善客人体验的小事。这种热情会让普通管理者和全体员工看到。只有你自己关注细节、表明你在意,你的员工才会这么做。他们关心的事情、努力的方向,体现的都是领导者本人的热情所在。"

彰显价值观,保持连贯性,始终坚守

英帝国二等勋位爵士菲利普·N. 格林(Philip N Green,CBE,与 Arcadia 集团的菲利普·格林爵士并非同一人)是 BakerCorp 公司的董事长,BakerCorp 公司是水箱、水泵和过滤设备出租服务的全球市场领导者。他同时也担任 Williams and Glyn 委任董事长,这是一家挑战者银行,即将从苏格兰皇家银行中分离中来。他还担任过英国最大上市能源公司联合公用事业集团(United Utilities)的首席执行官,在此之前任英国—荷兰集装箱船运公司铁行渣华(Royal P&O Nedlloyd)首席执行官,该集团现已并入马士基物流。他说:

"热情处于领导的核心地位。我领导过各种各样的公司,我不能保证自己加入每一个公司之前都对它们的业务充满热情。比如,在管理船运公司前,我对集装箱船运并没有太大热情。但如果我不相信自己能对某项工作产生热情,就不会上岗。我拒绝过一些高管职位,因为我觉得自己在那种工作中无法展现出真实、热情的一面。"

如果领导团队没有热情、无法依照统一的价值观行事,就无法指望一线员工流露出热情。他说:"从领导者做起,但整个领导团队都必须保持一致的方向,随时准备走向员工传达信息。"

菲利普·N. 格林讲述了自己兑现该承诺的故事作为例证。在就任首席执行官的前12个月中,他本人就出现在了全球2万员工中的80%的人面前:

"他们不是在视频上看到我，而是亲眼在市政厅会议或工作场所看到我。我的工作量很大，出差任务繁重。作为领导者，多花些时间走出去见员工、谈论愿景和价值观真的很重要。这是领导者的核心任务。"

菲利普·N.格林认为，整个领导团队一起坐下来明确并陈述价值观和目标非常重要，不能随意制定。"这些价值观和目标需要得到管理层认同，简明易懂，还需贯彻在日常工作中。我很清楚，员工希望自己工作的组织拥有清晰的目标、愿景以及价值观。如果管理层不践行目标和价值观，那么目标和价值观就会缺乏真实性，走向失败。"

你还需要检查自己是否采用了正确的方式践行价值观，菲利普·N.格林说道：

"我认为做一名优秀的倾听者很重要，长期以来我也自认为是个很不错的倾听者。但后来我得到了反馈，说组织中有几位同事认为我并不是很好的倾听者。我开始深入了解，很快就明白了问题出在哪儿。虽然我会认真听，也能快速抓住重点，但会意后立刻就转移话题了，所以他们觉得我根本没听。我没有刻意不尊重人，我已经听出了他们的要点，但我的思维跳到了别处。我需要更体贴一些，要阻止自己一明白就跳开。"

领导者始终在被人审视，员工会放大你的每一个行为，菲利普·N.格林说："如果你在践行价值观时没有真实地体现出自己的信念，员工会发现的，那样你就失去可信度了。你需要认识到这一点，做领导者就是这样。"

用正确的价值观创造价值

英帝国二等勋爵苏珊·赖斯夫人（Lady Susan Rice，CBE）是一位苏格兰银行家，任苏格兰财政委员会（Scottish Fiscal Commission）的领导者，也是苏格兰水务（Scottish Water）董事和银行业标准委员会（Banking Standards Board）成员。她曾任劳埃德银行集团（苏格兰）（Lloyds Banking Group

十二　明确自身目标

Scotland）总经理，在此之前曾先后担任劳埃德信托储蓄银行（苏格兰）（Lloyds TSB Scotland）首席执行和董事长。2000年，她成为英国第一位领导清算银行的女性：

"在一个不端行为丛生的产业中工作。我很清楚，领导者所做的决定要从普遍福祉出发，而不能从个人利益出发。传达'怎样'和'什么'一样重要，要告诉每一位员工。

"你只有通过一套价值观来创造并传递价值，才是拥有真正的价值。我一直在说这个问题，因为这是最重要的。价值观能让员工投入任务，理解手中工作的真实目标。只有展现你做的事情能创造更广泛的价值，且通过正当途径获得，才能避免大家做出多重解释，才能让想谋私利的人无可乘之机。共同价值观将员工团结在组织使命之下，这个使命是无价之宝。只有关注这个问题，才能保证行为端正。"

她说这些价值观很重要，因为它们是文化实力和组织实践能力的指示剂。接着她又补充，人们只用最近一个季度的收益来衡量公司，能够测量未来价值创造的指标少之又少："你的行为会决定组织内外关系的质量，也会决定组织在广阔社区中的影响，而组织未来的成败取决于此。你的价值观会在确保组织个人行为方面起关键作用。"

"领导者的职责是将价值观传递给员工，让员工都遵守同样的不成文规定，让他们相互信任、相互协作，产生集体归属感。"苏珊·赖斯夫人说道。正确的价值观能够制衡、对抗那些自私的人。

不仅管理事务，还需管理自我

领导者需要进行自我管理，而不只是管理手中工作。我采访的众多领导者都给出了这条建议，如果你在管理事务的同时管理自我，就能够助你有意识地培养正确的思维状态和行为，鼓舞、激励团队员工，传递自己的热情。

不管你直接领导的是公司高管还是一线员工，在组织目标框架中对团队目标进行正确定义，都会对效率产生关键影响。理解自身目标有助于热情宣讲团队目标和组织目标，因为此时你可以释放激情，并不假思索地把它传递给下属。

定义自己的价值观，用来引导、陈述团队的价值观，这样可让每个人都理解该怎样合作，在工作中该怎样与人相处。这同样可以让下属看清你的为人，对你产生信任，这对有效团队协作而言是无价之宝。投入目标和价值观，你就能更轻松地引导他人投入。

下一章预告：帮助你结合目标、价值观、愿景和目标的工具。

第十二章提要

1. 有魅力的管理者充满热情，而他们之所以充满热情，是因为他们能够释放自己的目标感，热衷于他们的价值观。但很少有管理者会去思考、理解自己的优势、目标和价值观。

2. 只有管理者敬业，员工才会敬业。研究表明，如果领导者不敬业，就会引发连锁效应——大量一线员工懒散，生产力水平和效率低下。

3. 各级领导者应提高自身敬业度，用心陈述自身目标和价值观，将其与企业目标和价值观对应起来。

4. 你的真实目标源自你是怎样的人，你是怎样的人源自你的重要信念。

5. 将自身目标和价值观与你所代表组织的目标和价值观对应起来，就能保持方向一致，这对成就真实领导至关重要。

6. 领导者必须不断提倡目标和价值观，与团队中每一个成员频繁谈论，确保前进方向一致。

7. 需时常检查员工是否顺着你的思路理解价值观，留心自己践行价值观的方式是否传达了正确信号。

十三
目标框架

为团队中的个体打造目标感的工具

如果你能将目标、价值观和大目标融入一个整合性框架，在一页上清晰地表述出来，就能打造有力的工具，助你塑造更灵活、更有力、活力四射、方向高度一致的组织——这些都是高绩效的前提。做到这些，这种工具就能成为传播媒介，助你在公司上上下下开展谈话，促成理解，增强责任感，朝同一方向努力前行。

对大部分公司来说，提高生产力是经济面临的最大挑战。在欧洲，英国2016年投票脱欧后，这个问题更加紧急重大。对英国和欧盟成员国来说，提高生产力是解决英国脱离经济共同体之后出现的各种挑战的最重要途径。提高生产力不仅是欧洲面临的问题，也是大部分经济体和国家面临的共同问题。

提高生产力的途径之一是提高员工的动力，让数百万员工释放自发努力。只有真正感受到动力或鼓舞，我们才会充分释放自发努力。如果大部分员工能够同时释放自发努力，组织就会表现出众。

正如我们前几章中提及的舆观研究表明，有四种管理行为对释放员工生产力和实现高绩效具有独特意义。

这四种关键管理行为是：

- 帮助员工理解组织的目标和愿景，理解前进方向。

- 让员工感到自己为组织的目标做出了贡献。
- 让员工感受到领导者欣赏他们的努力和观点。
- 拥有开展高质量谈话、进行公开演讲的沟通技巧。

要想做到上述几点，管理者就需要为每一位员工将组织的目标、价值观和大目标具体化、个性化。这些需要写下来，用便于实践操作的方式进行清晰表述，否则管理者就难以做到。

若是以正确的方式进行表述，全体员工真正集体认同的有力目标就能产生巨大的商业价值，对大大小小的公司来说皆是如此。如果还能与强大真实的价值观相配合，正确的目标就能助领导者打造有利于推动当下和未来繁荣的文化。共同目标和强大价值观能带来互利的人际关系、强大的声誉，并且增进信任、提高可信度——在数码革命和社交媒体催生的高度透明和高速发展的时代中，这些都是稀缺品。

植入目标和价值观，让组织成员自由、自主决定

有力的目标、强大的价值观和清晰的目标能让组织上上下下的员工自由、自主决定，领导者不在时也能自行判断，坚信自己在完成使命，坚持组织原则。要想让员工拿出最佳绩效，就需参照有效框架。在该框架的引导下，员工会更敬业、更投入、更愿意付出助你实现目标的自发努力。那么，我们该如何看待目标、价值观和大目标，并在团队或组织中践行呢？如何才能更有效地帮助员工、推动成功呢？

你需要从顶层开始。如果高管团队方向不一，整个组织就不可能保持一致的方向。然而令人惊讶的是，方向完全一致、能够以连贯方式阐述公司目标和战略目标的高管团队仅有极少数。

也许听起来不太合适，但我的确常常让管理团队做这样一种测试，它可以暴露方向不一致的问题。最近一次，我是在某家大型科技公司高管的晚宴上用的。晚宴最后聚焦接下来3年的战略，我给在场的10位高管每人一张空白卡片，让他们在上面写出自己心中的组织目标——不许与同事交流。

等他们交还这张卡片后，我让他们再填另一张空白卡片，这次写的是他们下一年的首要任务。

最后，我让他们用一句话陈述自己的长期愿景。我没让他们写价值观，因为他们不久前才花时间讨论心目中组织文化最重要的三大价值观。

读出各自的答案时，他们先是困惑，然后觉得有点意思，最后惊恐起来。为什么？在目标卡片上，只有两个人答案一样，其中一位是首席执行官，其他 8 位写得都不一样。他们无须我开口解释问题所在，因此更显惊慌。他们意识到了内部方向多么不一致，他们明白了方向不一致的问题会渗透进他们领导的整个组织，从而导致各项议程相互竞争、信任崩溃、配合不够，而这些都是前进所必备的。更糟的是，这意味着他们在团队工作中常常向着不同目标进军，带来互相冲突的危险以及随之而来的精力分散。

显著问题之一，是目标、愿景和使命在每个人心中都有不同的含义。对每个人来说，这些词都意味着不同的事情。更糟的是，他们从未讨论各自对这些词的理解以及打算如何使用，从而无法在形成共识的层面使用。

确保全体成员理解并赞同全部术语

对该话题研究得越深，我越是发现这个问题普遍折磨着商界人士。就连我为本书做的研究中，都发现领导者对目标有不同的想法。越来越多的证据表明，如果想要为组织陈述目标、愿景和价值观框架，首先要统一对每一个词的理解，这样才能让全体成员都意义明确、方向一致地清晰设定各自的目标、使命和愿景。

在我接触到的公司愿景陈述中，使用了此类术语：

- 目标，原则，抱负。
- 为什么，什么，如何。
- 愿景、使命、短期目标、中期目标、长期目标、实施计划、价值观。

- 愿景、价值观、原则、文化。
- 我们的愿景，我们的价值观，我们的基因。

该列表用语可有多种变体。

为辅助你创建自己的目标框架，我会举一个框架模板为例，我为其中的每个词都做了定义。你可以直接选用或自行改编。你需要保证自己选择的词语和含义是最符合目标的，并确保整个团队都明白这些术语的精确含义及其重要性。

从清晰度考虑，我强烈认为公司的目标、愿景、使命应设定不同内容。这三个词含义不同，在我所举的框架示范中就能看出。你可以参照该框架创制自己的框架。

在目标和利润之间保持平衡

在任何组织中，管理者往往都会对实现目标和经济效益非常关心。他们用数字进行管理——利润、销售额以及其他量化目标。然而，在以人为本方面，公司却常常感觉缺了点什么。管理者往往会忽视或回避员工感受、避免处理情绪相关问题，认为按逻辑和理性办事更容易。然而，员工感受却能决定工作表现以及这些小目标和阶段性目标到底能否实现。

不过，我也很清楚，许多曾共事过的领导者常常会痴迷于未来，总是对现状不满，渴望改变。他们急于求成，因此总是下定决心要制定苛刻的大目标并渴望实现。

在第一章中，美国组织理论学家、俄亥俄州凯斯西储大学组织行为教授理查德·博亚特兹称，功能性磁共振成像的进步让我们得以探索领导者和下属的生理机制，还可以探究领导互动过程中他们的大脑里面到底发生了什么。

理查德·博亚特兹教授希望这些研究启示能够推动领导者的行为从常见的结果导向转向人际导向："这不是说不看结果，而是首先关注人际关系，提高员工绩效，推动员工创新，从而带来更好的结果。"

十三　目标框架

在结果和人际关系之间保持平衡

本书旨在帮助读者通过整合性的清晰途径，结合软性人文方面与硬性结果焦点：员工和绩效，文化和结果。要想实现这一点，我认为你应专注于下列问题：

1. 为团队、部门或组织清晰陈述有力的目标、长远未来和挑战性目标。
2. 判断并激励一套有助于激发共同文化的强大价值观。
3. 确保自己的热情和目标按照符合企业目标、价值观的方式展现出来。只有当你清楚自己的价值观时，你才能做到这一点。明确自身价值观，你才能对照企业价值观行事。
4. 成为更鼓舞人心的领导者，采用恰当的沟通方式，激发员工最佳表现，从而提高鼓舞士气的能力。
5. 将目标、愿景和价值观个人化、具体化，让组织中每一位员工都感受到它的意义。这是让全体成员保持一致方向、打造灵活团队的秘诀。
6. 不仅要测量主要目标的进展，还需测量无形资产管理情况，如员工敬业度、与主要客户的关系、声誉、创新能力或与其他主要利益相关者的关系。你既需要保证团队朝着长期和短期目标前进，也要确保前进途中关注公司的社会角色、所依赖的外部关系、资源消耗、地球影响，且有必要保护好长期发展赖以生存的环境。
7. 定期报告进度，并就如何进一步提高绩效展开对话，这不仅包括与团队内部成员的对话，还包括与外部顾客和主要利益相关者的对话。

如果能做好上述一切，我坚信你一定可以成为更优秀的领导者，在团队和组织中激发更多活力。你的员工会更敬业，会更主动地作出明智决策，且能自主作出正确决定，助你维持构建长期发展所需的组织内外关系。你会更多使用目标明确的谈话来提高员工敬业度，对顾客和其他利益相关者更加投入。你会构建品牌价值和声誉，提高运营效率、减少风险。这些都会产生直接经济效益，有助于增长，创造更多商机。

人们对公司抱有更高期待

正如我们在本书不同章节中所提及的，如今人们对公司的期待有所提高，社会希望领导者设定更广泛的目标，带着道德感行事。因此，潜在雇员，尤其是千禧一代，也持有同样期望。目标明确的公司会更有效地激励员工投入工作，打造更好的工作环境，员工会因此更加愉快，并会报以更强的责任心、更高的效率、更多创意以及更出色的顾客服务。

但这绝非仅仅陈述沟通目标和价值观那么简单，你需要增强每一位领导者的目标感，让组织中每一位员工都感受到目标激励，不仅拥有共同目标，还拥有共同价值观，这样才能打造共同文化。

为此，你需要有力工具，辅助你陈述目标、价值观、愿景和主要目标——把所有这些全部都简明地归纳在一张纸上。做到这些，这种工具就能成为传播媒介，助你在公司上上下下开展谈话，促成理解、承诺及共同的努力方向。

目标框架

后面的图13.1综合了我过去三年中所见所读的内容，我在多个管理团队中使用了这幅图，这是很棒的催化剂，能够激发对于每个关键领域的辩论，让目标更加清晰，让团队更专注于关键战略要务，还引发了有助于构建合适文化价值观的讨论。这不仅是用于陈述战略的催化剂——它所激发的谈话往往还有助于制定战略。

在每一个案例中，与我共事的领导者都对该模型进行了微调，以适应各自公司的终端目标，有时也会选择不同词语来描述模型的对应部分。我并不在乎他们是否完全采用这个模型，只要他们制定的规划为全体成员所认同、理解，我的使命就完成了。他们会成为目标更一致的团队，采用更加统一的

十三　目标框架

口径来谈论愿景，将在他们领导的公司中用更加统一的方式传达信息。

我将逐一解释图 13.1 的各要素。

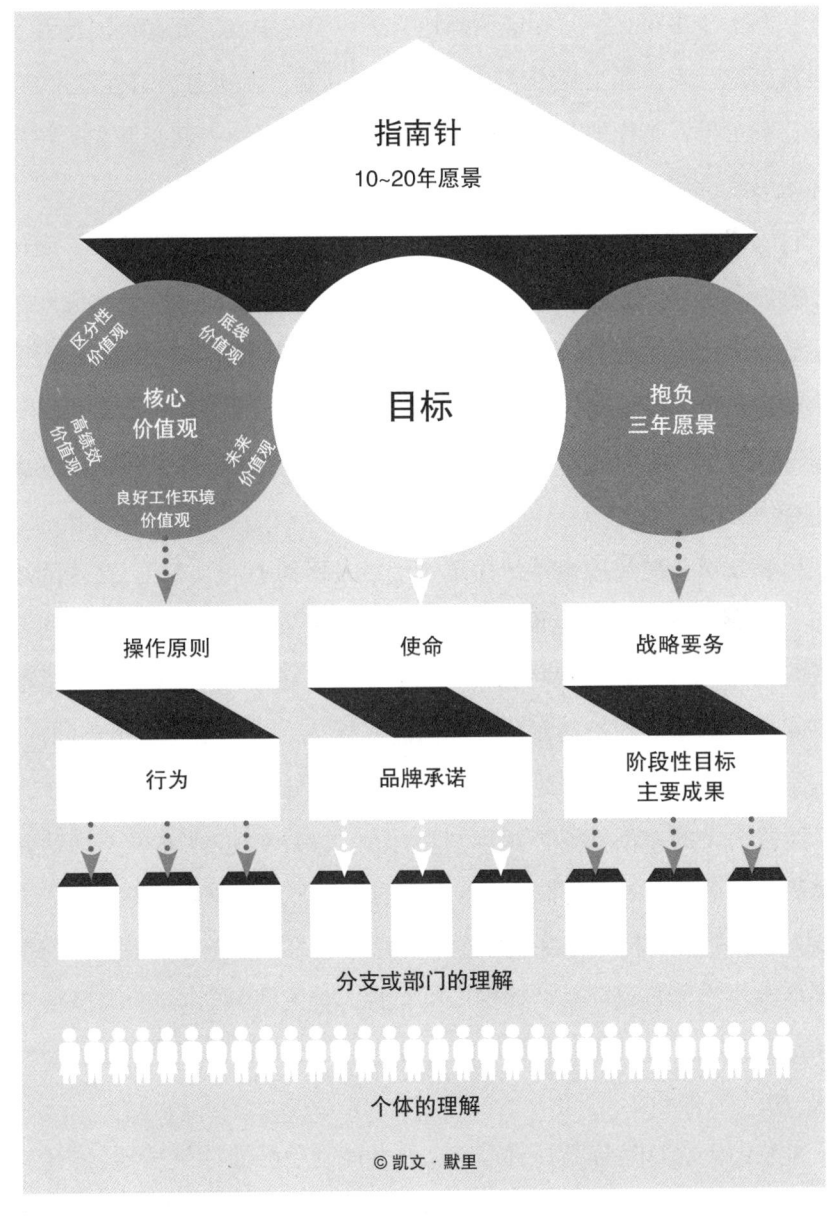

图 13.1　目标框架

注释：详细彩图请访问 www.leadershipcommunication.co.uk。

领导力法则：如何用目标打造充满活力的团队

1. 目标——团队的动力来源

从图 13.1 中可见，目标被明确地置于一切的中心。正如英国特许管理学会首席执行安·弗兰克所言："没有目标，就一无所有。目标催生意义，它是让员工投入工作的基础。它让顾客与公司联系在一起，并在公司与社区之间形成纽带。"

目标是公司存在的理由，解释你为他人尤其是为顾客做什么。表达目标，就能展示如何为顾客创造价值、如何满足他们的需求，目标应在理智与情感方面都产生关联。你需要找到合适的表达方法，说明你们公司会为顾客的生活带来哪些积极影响，顾客即客户、病人或其他服务对象。我建议目标陈述尽可能简短。这并非易事。你需要尽可能少地使用词语涵盖上述所有信息。

男装公司莫斯兄弟称其目标是"让男人感到不同凡响"。这条陈述很精彩，不仅解释了顾客是谁，还说明了他们将如何通过衣着影响顾客的感受。福特汽车销售商福特信托称其目标是"在关爱顾客中驱动标准"。他们想成为竞争者忌妒的对象，成为业界标准，这不仅是指出售的汽车，更是指他们提供的服务。此处顾客所得隐性益处非常明确。

运营火车的东南铁路公司称其目标是"2018 年达到 85%"，即达到史上最高顾客满意率的缩略说法，与实现有史以来最佳乘客体验的愿景方向一致。这一目标同样也完全聚焦于顾客以及想为顾客做什么。全球航空公司维珍大西洋称其目标是"拥抱人类精神，让它飞翔"。该公司坚信个体主义，坚信应让人们自由地展示真实的自我。这个目标陈述蕴含着强烈的感情，也很有效。

家具供应商 DFS 称其目标是"成为设计制造品质沙发的知名供应商，让家家户户喜爱，让家家户户买得起"。该陈述很清楚，既充满感情又涉及现实利益。全球洋酒公司帝亚吉欧称其目标是"随时随地庆祝生活"。

谁不喜欢庆祝生活这一概念呢？这些目标陈述每一条都呈现了如何造福顾客。

在图 13.1 中，我将目标置于中心，因为强大的目标陈述是组织的动力来源。它驱动一切，因此框架其他部分都必须与目标直接紧密相连，你的长期愿景要表述的，即长期践行目标将会实现怎样的影响。抱负陈述，即描述组织在 3 年中践行目标会取得怎样的成效。战略要务部分，陈述的是为实现目标需实现哪些主要盈利目标。价值观可以推动采用正确途径实现目标，与目标背后的道德原则保持一致。目标是所做之事的关键和重心，应植入领导的每场谈话中。

开始考虑该目标表述时，思考一下要为顾客解决哪些问题。判断有待解决的问题，往往能够为制定有力的目标陈述带来突破性解决方案。你试图解决的问题或需要满足的需求是什么？你将为顾客带来哪些好处，最好还是独家提供？你可以如何从中挖掘商机？你们公司有没有哪种服务或产品是更能满足顾客独特需求的？关注这些问题，你就能够制定合适的目标陈述。

我认为目标陈述不应谈论盈利。当然，公司的确需要盈利，且从多方面来看，这是首要职责。因为没有利润，你就无法实现目标，也无法成为有助于当地社区繁荣发展的积极负责的公民。但盈利是测量践行目标成功与否的指标，并非目标本身。

正如你在之前章节中所见，解释更广泛的社会目标对公司来说越来越重要，这样才能展示关心社会、环境以及现在和未来的责任。公司还需要体现如何努力构建与全体利益相关者的长期互利关系。我认为这些有必要进行陈述，但不在目标陈述中。

你可以在长期愿景、战略要务乃至价值观和原则中陈述你们将如何做一家负责任的公司，但别在目标陈述中说。我强烈认为，目标需要聚焦顾客，只有通过服务顾客获取长期盈利，才能实现社会目标、更广更高目标以及任何其他你想完成的目标。

然而，在目标框架中明确表述更广泛的目标的确非常重要。正如我们所见，认识环境和社会责任是关键要素，这是世界各国公民都越来越需要的。人们认为公司可以兼顾盈利与构建繁荣地球、繁荣社区。这不是他们渴望的事情，而是他们期待、要求的。不这么做公司声誉会受损，关系也会受到伤害，会给长期发展带来风险。能够做到这一点的公司则可以创造竞争优势。

2. 激动人心的长期愿景的力量——公司的指南针

那愿景陈述呢？在图 13.1 中，我倾向于领导者将长期愿景和短期愿景区分开来。短期愿景通常是三年规划，是一种公司计划，我称之为抱负，而长期愿景则是我所谓的指南针。

称之为指南针，是因为它往往会指引接下来的几十年。我知道，优秀领导者总会设定长期愿景，通常表述为宏伟大目标等。这种目标可以是未来 10~20 年或更长时间的目标，但它一定会让员工产生紧迫感，因为这需要从现在就开始努力才能实现。这是在表述公司的发展图景、想做之事以及希望如何改变世界。

如下为一些著名品牌和组织的例子：

- 耐克：成为世界第一的运动公司。
- 辉瑞：成为全球病人、顾客、同行、投资者、商业合作伙伴和所在社区眼中最有价值的公司。
- 牛津饥荒救济委员会（Oxfam）：创造一个没有贫困的公正世界。
- 救助儿童会（Save the Children）：让全世界每个孩子都有生存、受保护、发展和参与的权利。
- 可口可乐：我们的愿景为前进地图搭建框架，描述了我们为维持可持续、有质量的增长需要做些什么，指引公司的方方面面：

——员工：打造良好工作环境，让员工备受鼓舞，做最好的自己。
——产品：成为向世界展示高品质饮料的知名品牌，预测并满足人们的愿望和需求。
——合作伙伴：培养合作共赢的顾客和供应商网络，共同创造长久互利的价值。
——地球：做负责任的公民，通过支持构建可持续社区来改变世界。
——利润：为股东实现长远回报最大化，并注意我们的整体责任。
——生产力：成为高效、精减、快节奏的组织。

- 亚马逊：成为世界上最以顾客为中心的公司，在这里人们能发现任何一种想在线采购的物品。
- 谷歌：鼠标轻轻一点，尽享全球信息。

（谷歌的使命陈述是"组织全球信息，使之触手可得、充分利用"。这与他们的愿景紧密相连。）

- 沃尔玛：成为零售界全球领跑者。

（使命："帮助人们省钱，创造更美好的生活。"）

- 福特：成为世界领先的为消费者提供汽车产品和服务的公司。
- 三星（Samsung）：引领数字整合运动。
- 脸书：让世界更开放，进一步密切联系。

在上述每一个例子中，这些组织都为自己设定了难以置信的挑战性大目标，需多年才能实现。正如你从这些陈述中所见，它们可以真正为聚焦的事情提供指导，成为所有决策的方向——指南针。这就是在诠释，组织有效实践目标将如何改变世界。

3. 确定短期愿景——三年抱负

领导者同时还需制定短期目标，作为实现未来发展的支架。他们常常需要今天就采取行动，为明天做准备，如果他们以牺牲长期投资为代价，过分关注短期目标的实现，就会危及长期发展。

然而，他们必须实现短期目标。因此，我也会让领导者设想，在不久的未来，成功看起来应是怎样一番图景——通常是在企划书中构想的未来。

鲜有领导者能够将三年计划转换成这样的成功面貌：不仅用量化标准描述将实现什么，同时也展示出如何影响组织成功所依赖的各种关系。获得更多收入和利润，最终意味着行为的改变，不仅需要员工行为的改变，可能还需要顾客、供应商、投资者和其他利益相关者的行为变化，还要考虑到监管者和非政府组织的行为。

这需要高质量的互利关系，按照你期待的状态描述此类关系，即把这部分内容加入表中，即我所谓的三年抱负中。也许你希望让高利润翻倍，但这需要人们的行为产生怎样的改变呢？员工？顾客？供应商？你将在哪里运营？需要吸引多少新顾客，他们为何会被公司吸引，或依然忠于你们的产品？你的员工将有何感受？（可口可乐公司的陈述就是很棒的例子。）

此处你可以谈论各种关系的理想状态，在其中展示对全体利益相关者的承诺。这里也是讨论环境和道德承诺的地方，还可讨论对当地社区、学生和未来员工等其他关键人群的承诺。

4.战略目标让规划生动起来

要想实现三年抱负，需集中五个以内的战略要务——为了实现收入、利润和关系等目标需做对的基本工作。这些是高层次任务，至少要三年或更长时间才能实现，但的确是成功的基石。

所有后续操作或权宜之计以及资源配置决策皆需以这些战略要务为指导。确定战略要务能让组织确定哪些项目或计划是必须继续的，哪些应停止或推后。如果某个项目不能帮助公司实现五大战略要务之一，为什么还要坚持继续？确定这些目标，就能让战略生动起来，让员工理解组织中正在实施的不同计划。如果做得很好，还能解释这些目标为何有助于愿景的实现，为何对组织有价值。

然而，成功取决于让员工理解并投身于企业目标，也需要他们有能力设定与企业目标方向一致的个人目标，还必须定期回顾目标。理解目标是一方面，但感到自己能做点儿什么更重要。舆观研究表明，员工能否感到自己为组织目标做贡献对动力很关键。

在第十章君主航空的案例中，我们看到君主航空提出了六大战略目标，包括引进新机群、构建强大的资产负债表以及具有竞争力的运营成本结构、开发盈利的全年飞行计划。

你会发现，只有实现每项战略目标之下的一系列阶段性目标，君主航空才能实现每一项战略目标。比如，为了成功引进新机群，就需训练飞行员和乘务组，需要新设备、新流程，要与营销和其他部门对接，还要完成其他许多任务。这是员工理解该如何帮助公司实现长期愿景的起点。他们能看到自己的日常工作有助于实现推动战略要务的阶段性目标，从而有助于实现三年抱负，而这又会让公司向长期愿景迈进一步。

组织的每个分支都应与这些更高层次的大目标保持一致的方向，用我在第十章列出的阶段性目标主要成果体系将大目标转化成具体行动。

5. 阶段性目标主要成果

OKR 代表阶段性目标主要成果。这是制定、追踪阶段性目标和落实结果的常见方法。该体系旨在将公司、团队和个人的阶段性目标与可测量的结果联系起来，从而让所有员工在正确方向上一起行动。阶段性目标主要成果的重要作用之一，是确保每个人都明白组织对他们工作的期望。阶段性目标主要成果对全体成员公开，团队得以朝着同一个方向前进，也能看见其他人的工作重点。阶段性目标主要成果是英特尔公司发明的，如今已被谷歌、领英和推特等公司使用。

6. 核心价值观——行动中的信念

图 13.1 右侧内容皆用于绩效和目标，左侧内容均与文化相关。文化讲的是在某处如何做事，简而言之，文化关乎行为。我们所做之事受多方面因素影响，尤其受我们深信的事物影响，从而驱动自身领导行为。我们认为某件事重要，是因为我们的世界观和坚定信念（非常坚定以至可以改变行为）代表着我们的价值观。

我调研的大部分组织，选择用于塑造、引导理想文化的高层价值观不超过五种。文化丰富、健康的公司能实现快速增长，更容易吸引有助于保持增长、产生价值的人才。正如之前提及，留心文化的领导者也会带来更出色的成效。

正如我在第五章中所描述的，许多公司列出的价值观完全一样。最常用的两条是创新和言行一致。这难道不是每个公司都应遵循的基本价值观吗？我相信许多公司列出这些，是因为没有认真思考价值观的目标以及如何使用才能达到最佳效果。我调研的一些公司仅选用了少量关键价值观，随后继续描述操作原则和期待的行为，对有助于员工深入理解组织基因的关键价值观进行扩展解释。

目标框架可以启发你审视几类不同的价值观：

- 底线价值观。
- 未来价值观——实现阶段性目标所需、组织中当下可能还不存在的价值观。
- 如实描述组织基因的当前价值观。
- 描述宣传突破口（USP）的区分性价值观。
- 高绩效价值观。
- 良好工作环境价值观。

这几类价值观皆有一席之地，却应采取不同方式使用。你需要找出对公司成功来说最重要的价值观，我称之为核心价值观，一般情况下最好不超过五种。如果需要扩展阐释，你可以在操作原则或行为板块中阐释。

<h3 style="text-align:center">7. 操作原则——阐释你的信念</h3>

正如我们从第九章特写的医疗设备公司 BTG 案例中所见，他们不仅描述对公司重要的关键价值观，还列出了公司基因的 10 条陈述。这 10 条陈述更接近于操作原则，许多公司用以阐释价值观、进一步下定义。

这些原则应能阐释你表述的价值观（通常是一个词），需要用活泼准确的方式让它们生动地呈现出来。因为它们将被用于明确、引领一系列共同行为。做什么、怎样做，这是你的文化。

如果可以用一句话总结四五个价值观，岂不是太棒了？用一句话清晰表达你对员工的期待，如不必说我们的价值观侧重于创意、关爱顾客、团队协作和创新，可以说："我们希望大家愉快共事，为顾客提供解决问题的方案，源源不断地涌现好点子，为顾客和我们自己增值。"

<h3 style="text-align:center">8. 行为</h3>

价值观应是行动中的信念——如果价值观真实而有意义，那就可以转化为员工的理想行为体现出来。有时，处于组织不同的位置，描述这些行为时就要略有变化。例如，对柜台人员来说，以顾客为中心可能很明显，但对那些为员工提供支持的技术部门人员来说可能就没那么明显。技术部门如何表现以顾客为中心呢？有时，我们要采用最适合特定团队或部门的方式来解释价值观，从财务部门到柜台，从营销到库房，都要具有针对性。将价值观表述成你对每位成员表现的期待，以此践行价值观，帮助公司通过恰当的途径实现目标和愿景。

9. 使命

目标不应描述你们是做什么的。在图 13.1 中，我将公司是做什么的描述为使命。目标不见得可以清晰地解释公司行为，但你的确需要为外部观众和内部观众定义。有必要解释组织从事的业务类型，有时甚至也有必要解释不做的工作类型，便于管理层和员工明确重点。我见过许多公司用使命陈述向员工清晰传达自己不再从事哪些业务，这种概念非常强大。优秀的使命陈述应能描述你从事的工作类型、服务的客户类型以及在何处提供产品和服务，也可提及未来进军的领域。

10. 品牌精髓——对顾客的公开承诺

较理想的品牌承诺应与目标陈述形成完美配合。可以是目标陈述更短、更精练的版本，看起来更接近标语而非目标。要注意，千万别使用与目标不匹配或与价值观无关的标语，否则会让公司陷入顾客期待值和现实的差距。品牌精髓应围绕目标顾客对公司品牌的理想印象展开，以及你们公司的独特性。

总结

如果团队或公司的每位成员都能自主做出与组织目标、价值观和战略相符的决定，就能让组织真正变灵活。明确了目标、价值观和战略，员工面对艰难抉择时就会有所准备。在一页纸上，列出简单的目标和一系列清晰的原则，你就能打造威士创始人迪伊·霍克所说的"深思明智之举"。你的员工会明白怎样做事、说话，可以做什么，不可以做什么，你不在办公室的时候，他们也能做出正确的选择。

总结，你需要采取以下关键步骤：

十三 目标框架

- 设定目标框架：
  ——清晰陈述有力目标以及一套强大的价值观，将二者结合起来激发共同文化，从而转化成有助于实现目标的行为。
  ——确定激励团队的长期未来规划和挑战性目标。展示你将如何实践社会目标。
  ——在一页纸上整合这些想法。
- 明确你的个人热情所在、目标、价值观：
  ——传达你的热情和目标，与团队保持一致方向。只有清楚自己的价值观，始终如一地坚持企业价值观才能实现。你必须找到个人目标和价值观与组织目标和价值观的对应关系。
- 锻炼自己的激励指数，有力沟通，推动员工热情投入工作：
  ——成为更鼓舞人心的领导者，采用恰当沟通方式，激励员工达到最佳状态，提高鼓舞士气的能力。理解哪些行为最能激励员工，让他们行动。（若想获得更多指导，详见我之前的著作《领导者语言》和《用沟通鼓舞人心：领导指南》。）
- 从上向下传递目标、愿景、价值观和目标，以此确保方向一致：
  ——将目标、愿景和价值观个人化、具体化，让组织中每一个人都看到意义，直接贯彻到一线员工中去。这样就能打造一致的方向和灵活性。辅助开展关于目标、价值观和大目标的有力对话。确保管理者有能力开展此类目标明确的谈话。
- 使用整合性报告方式来测量进展：
  ——不仅要测量主要目标进展，还要测量无形资产管理得怎样，如员工敬业度、与主要顾客的关系、声誉、创新能力以及与其他事关成功的关键利益相关者的关系。
- 沟通，沟通，沟通：
  ——定期汇报进展，同内部团队、外部顾客以及其他利益相关者就如何进一步提高绩效展开对话。安排连续的改善流程，让员工敢于报告坏消息，这样就能及时改正问题、提高绩效。

"明确目标"能提高绩效。有目标并为员工赋予目标的领导，能够打造方向完全一致的团队和组织，让员工更敬业、提高生产力。"明确目标"能解放领导者，增强灵活性。目标明确的员工能够互相信任、互相合作。鉴于目标和价值观，他们能更好地投入与外界受众，尤其是顾客的互动中去，提高声誉，增进关系，为长期成功创造条件。

由于将目标作为组织动力来源的领导能够打造繁荣的公司、社区和环境，他们可以激励员工更加敬业、让顾客更忠于品牌，让公司的利益相关者提供更多支持，产生更多价值。赋予员工目标感是领导者的职能——无论你带领的是小团队还是全球性组织。这也许就是领导者最重要的职能。祝你在团队领导中取得成功，努力让所有成员"明确目标"。

资　料

目标框架指南

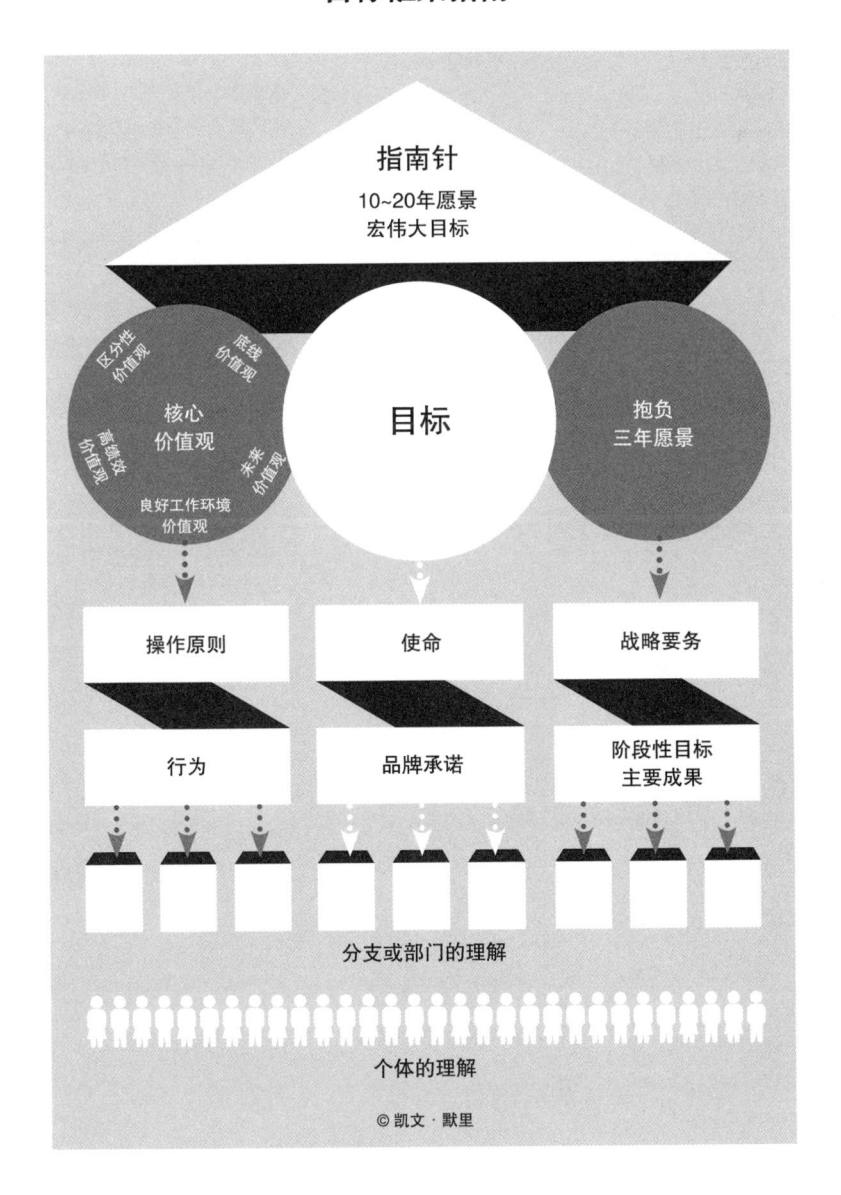

指南针
10~20年愿景
宏伟大目标

核心价值观
- 区分性价值观
- 底线价值观
- 高绩效价值观
- 未来价值观
- 良好工作环境价值观

目标

抱负
三年愿景

操作原则	使命	战略要务
行为	品牌承诺	阶段性目标 主要成果

分支或部门的理解

个体的理解

© 凯文·默里

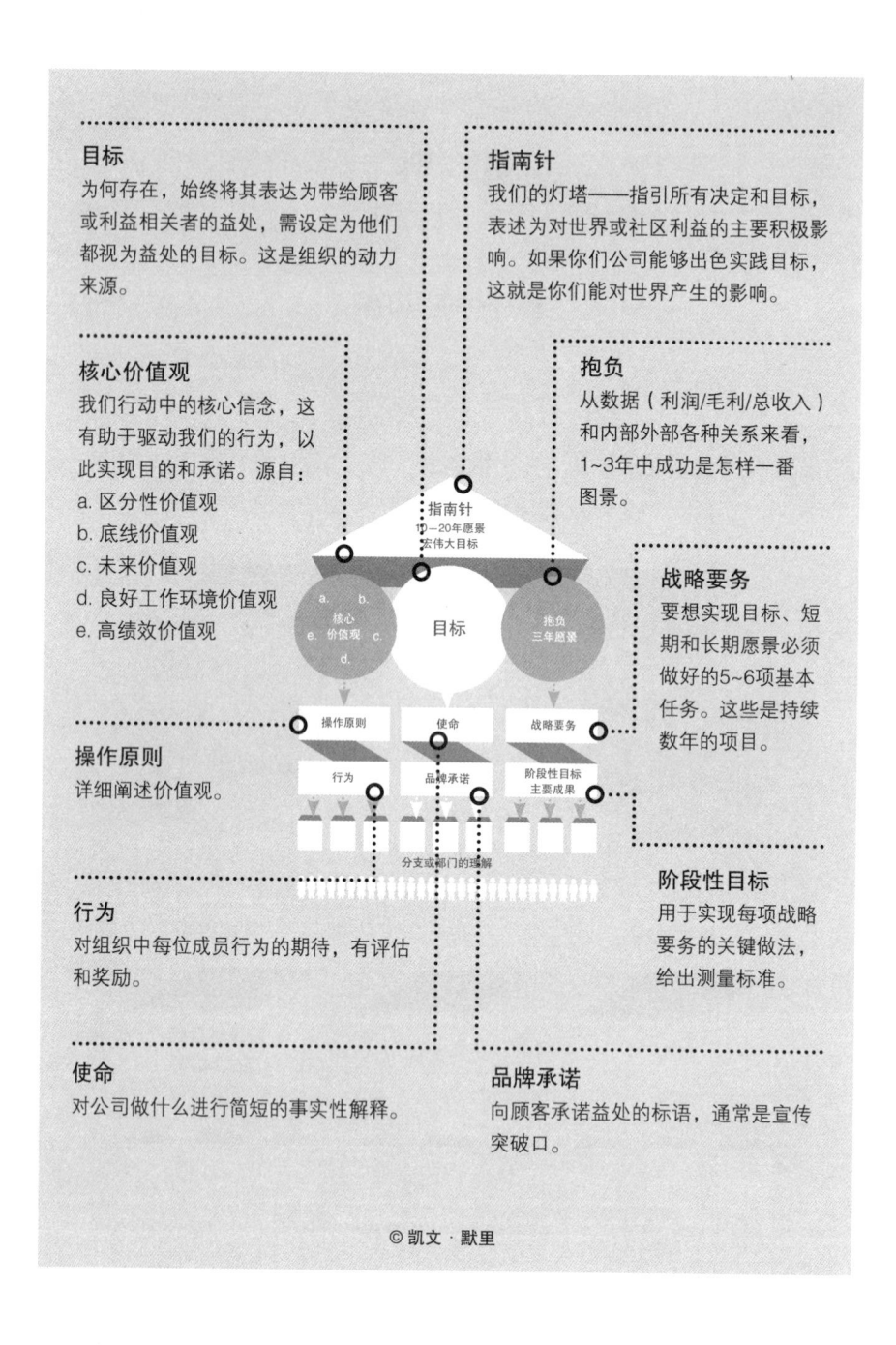

领导力法则： 如何用目标打造充满活力的团队

目标
为何存在，始终将其表达为带给顾客或利益相关者的益处，需设定为他们都视为益处的目标。这是组织的动力来源。

指南针
我们的灯塔——指引所有决定和目标，表述为对世界或社区利益的主要积极影响。如果你们公司能够出色实践目标，这就是你们能对世界产生的影响。

核心价值观
我们行动中的核心信念，这有助于驱动我们的行为，以此实现目的和承诺。源自：
a. 区分性价值观
b. 底线价值观
c. 未来价值观
d. 良好工作环境价值观
e. 高绩效价值观

抱负
从数据（利润/毛利/总收入）和内部外部各种关系来看，1~3年中成功是怎样一番图景。

指南针
10~20年愿景
宏伟大目标

核心
价值观

目标

抱负
三年愿景

操作原则　使命　战略要务

行为　品牌承诺　阶段性目标 主要成果

分支或部门的理解

战略要务
要想实现目标、短期和长期愿景必须做好的5~6项基本任务。这些是持续数年的项目。

操作原则
详细阐述价值观。

阶段性目标
用于实现每项战略要务的关键做法，给出测量标准。

行为
对组织中每位成员行为的期待，有评估和奖励。

使命
对公司做什么进行简短的事实性解释。

品牌承诺
向顾客承诺益处的标语，通常是宣传突破口。

© 凯文·默里

资 料

测一测你的激励指数

用1—10阶量表给自己打分，10为卓越。

1. 我可以怀着满腔热情、通过言行一致的方式真诚沟通、鼓舞员工吗？（我的领导团队也可以做到吗？）
2. 我能自信地保证每位成员（组织各层级）对价值观和目标都有着清晰的理解，所有决定都以此为依据吗？
3. 我们的员工理解他们各自该如何帮助组织实现目标吗？他们是否受到了我们愿景的激励？
4. 组织中每位成员都在始终致力于改善我们的主要关系吗？包括彼此之间的关系，与供应商、合作伙伴、利益相关者的关系，以及最重要的——与顾客的关系。
5. 我们与员工开展足够有意义的谈话，让他们敬业、备受鼓舞、投入地工作了吗？谈话中，我是否认可了员工的优秀表现？
6. 我是否真正理解员工状况，是否针对他们眼中的重要的问题进行了讨论？
7. 我是否将获取组织各级员工的反馈和输入、回应他们关心的问题当作领导要务？我是否算得上优秀的倾听者？员工是否敢于跟我汇报坏消息？
8. 员工是否认为我有能力清晰表述我和我们组织的重要关切呢？
9. 我能否通过故事传达信息，鼓舞激励员工？或者我只是单纯用事实和数据图表来传达信息？
10. 我可以保证自身言行举止以及发出的信号向员工传达了正确的信号吗？
11. 我和组织中其他领导者是否都对公开演说有所准备、训练有素，让自己所说的每一个字都掷地有声？

12. 沟通是否已成为组织中领导者的基本要务？我们能否确认所有领导者都已成为鼓舞人心的沟通者？

13. 重中之重，我是否竭尽所能让我们的员工、顾客和全体利益相关者都信任我们和我们从事的工作了？

完成评分后，你可以与第四章开头处 1000 位领导的自评结果作对比。

平均分：

特别感谢

最后，要特别感谢在本书出版过程中给予建议和帮助的人们：感谢始终充满热情的私人助理莉比·埃尔德菲尔德（Libby Elderfield），感谢保罗·拉尔贝（Paul Larbey）和安德鲁·谢维尔（Andrew Sherville）为本书进行逐章反馈，感谢马修·古尔德（Matthew Gould）为我的目标框架做设计，感谢舆观的斯蒂芬·卡祖鲍斯基为本书员工和管理者关系议题做调研，感谢 Kogan Page 出版社耐心负责本书的编辑安娜·莫斯（Anna Moss）（以及出版社参与本书制作出版的全体工作人员）。最要感谢我的妻子伊丽莎白（Elisabeth），感谢她在我进入写作状态后对我的无尽支持。

北京市版权局出版境外图书合同登记号　图字：01-2018-3620

People with Purpose: How great leaders use purpose to build thriving organizations
Copyright © Kevin Murray, 2017
This translation of People with Purpose is published by arrangement with Kogan Page

图书在版编目 (CIP) 数据

领导力法则：如何用目标打造充满活力的团队 /（英）凯文·默里（Kevin Murray）著；徐阳译 . —北京：中国法制出版社，2019.1
（快鱼经管书系）
书名原文：People with Purpose: How great leaders use purpose to build thriving organizations
ISBN 978-7-5093-9840-1

Ⅰ . ①领… Ⅱ . ①凯… ②徐… Ⅲ . ①领导学 Ⅳ . ① C933

中国版本图书馆 CIP 数据核字（2018）第 235843 号

策划编辑：杨　智（yangzhibnulaw@126.com）
责任编辑：杨　智　王　悦（wangyuefzs@163.com）　　封面设计：古涧千溪

领导力法则：如何用目标打造充满活力的团队
LINGDAOLI FAZE: RUHE YONG MUBIAO DAZAO CHONGMAN HUOLI DE TUANDUI
著者 /［英］凯文·默里
译者 / 徐　阳
经销 / 新华书店
印刷 / 三河市紫恒印装有限公司
开本 / 710 毫米 ×1000 毫米　16 开　　　　　　　印张 / 16.5　字数 / 228 千
版次 / 2019 年 1 月第 1 版　　　　　　　　　　　2019 年 1 月第 1 次印刷

中国法制出版社出版
书号 ISBN 978-7-5093-9840-1　　　　　　　　　　　　　　　定价：48.00 元

北京西单横二条 2 号　邮政编码 100031
网址：http://www.zgfzs.com　　　　　　　　　传真：010-66031119
　　　　　　　　　　　　　　　　　　　　　　编辑部电话：010-66034985
市场营销部电话：010-66033393　　　　　　　　邮购部电话：010-66033288

（如有印装质量问题，请与本社印务部联系调换。电话：010-66032926）